U0001277

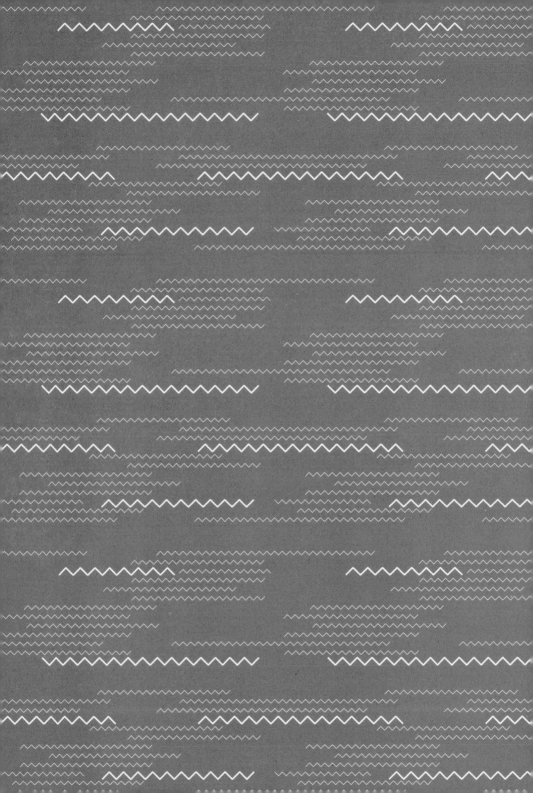

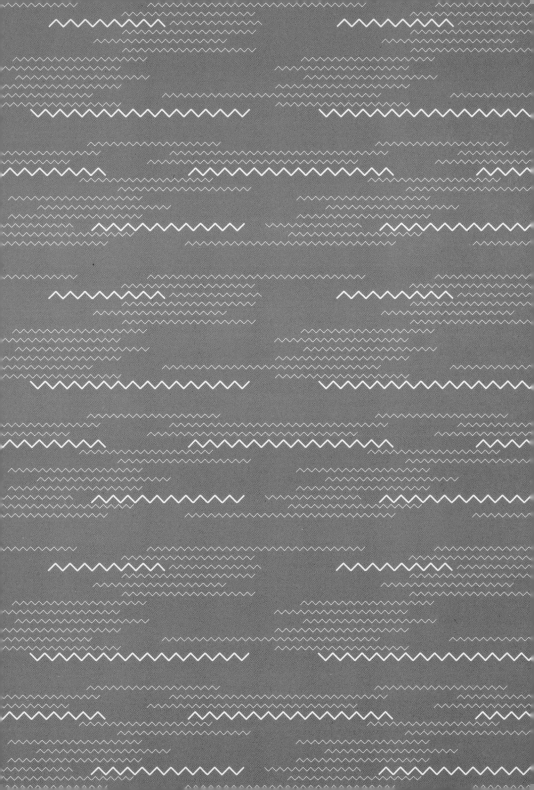

머니카피
수익을 10배로 복사하는 투자의 기술

長獲利投資

穩穩賺最快致富！

在波動的市場裡
打造財富自由的最佳路徑

Taver 金泰亨 (테이버)————著

張鑫莉————譯

目次

第一章

為什麼不管市場好壞，都要做股票？

第二章

投資指標看這些，你在意的投資盲點都有解

第三章

消息面這麼亂，如何判斷利空還是利多？

第四章

七個投資原則，助你打造專屬長獲利攻略

※ 本書提及之「元」，未特別標示即指韓元，參考匯率約為新台幣
　 1 元兌換韓元 42 元，實際匯率以臺灣銀行牌告匯率為準。

各界推薦

經歷了從產業資本主義轉變為金融資本主義的劇烈變化，想要準確預測經濟趨勢變化，進而掌握個股走勢變得愈來愈困難，甚至幾近於不可能的程度。在此種情況下，如果有人敢打包票地說自己對總體經濟和個股走勢瞭若指掌，我敢說那人一定是騙子。

儘管預測經濟趨勢變得愈來愈難以預測，但現在就放棄投資還言之過早，我們的確很難掌握變化莫測的市場，但若能從我們能掌握的部分開始仔細地分析，去找尋市場變化的原因，我們還是有機會在混亂的市場上，找到適合自己的投資策略。

透過本書作者善於探究事物的本質，並且透過實戰經驗，驗證自己的投資策略，並跟著總體經濟的趨勢調整策略，讓你站在贏家的一方。我相信《長獲利投資》不僅會為你複製財富，還能複製成功與幸福。

韓國最大直播平台艾菲卡 TV（AfreecaTV）品牌長　徐秀吉

就如同攤開地圖，前往目的地不會只有一條路，通往成功的路，也不會只有一條。比起跟著在老師身後，循著他走過的路前行，我認為開拓出一條沒有人走過的路，找到自己專屬的致富策略的人更了不起。

　　本書作者就是這樣的人，在大部分人汲汲營營追求報酬率時，他對求知的渴望，深入探究左右市場走向的基本規則，進而找到自己的致富策略。

　　實際上，探究市場本質進而解釋自身投資的方法，也很符合學術研究的精神，非常科學的事。縱使所學的專業與後來工作的性質有所出入，其實也無所謂，因為思考的「本質」才是人是否能成功的關鍵，而非你走了哪條路。最後，我誠摯地希望閱讀此書的你，也能找到自己的致富策略。

韓國光雲大學環境工程學系教授　崔相日

前言

穩健致富的簡單法則

　　2018年9月我開始在韓國最大的直播平台「艾菲卡TV」做實況直播。剛開始的第一年是做沒有特定主題的直播，但是隨著2019年「美中貿易戰」和「經濟大恐慌」等熱門話題出現之際，投資股票的觀眾經常會問相關問題，「到底為何股價會下跌這麼多？」「應該怎麼應對呢？」而我作為一位參與股市十多年的投資人，也有一些投資心得想和大家分享。

　　就這樣，我開始固定在艾菲卡TV上直播，在直播中我會分享自己對股票投資、經濟趨勢的看法，並提出分析佐證，打造出為投資人量身打造的經濟直播頻道。而2020年隨著新冠疫情爆發，愈來愈多散戶投入市場，這

個時期談論「股票」的人也變得愈來多，同時我也收到許多觀眾留言告訴我，覺得最難理解的部分還是經濟。

經濟之於投資正如同公式之於數學，想在股票投資中獲得最高報酬率的結果，就必須好好利用經濟這個公式。很多投資人過度在乎結果，很多時候不知道股價上漲和下跌的實際原因，賺錢時滿心喜悅，遭受巨大虧損時卻完全不知道原因為何，因而無法記取教訓，調整策略重新出發。

當時我的想法，是希望至少讓身邊親朋好友們能找到穩健的獲利法則，實現穩定致富的目標，所以就正式將實況直播主題定調為「經濟趨勢與投資分析」，在基礎課程／學習直播類中排名第一。

💰 緊盯報酬率害你錯過的那些錢

實況直播的好處就是能和觀眾直接交流，這幾年來進行經濟直播時，最常被問到的問題就是「報酬率是多少？」然而，我的報酬率並沒有達到能在市場上取得壓倒

性勝利的程度。

　　過於在意報酬率，其實相當危險。在這裡我舉個例子，如果韓國綜合股價指數（KOSPI，即韓國大盤）漲10％，我的目標報酬率會抓在20％左右，並分析經濟趨勢、股市走勢以及公司財報和新聞經綜合評估後再制定投資策略，最重要的一點是：「能否持續超過市場報酬率？」

　　在股票投資中，投資人往往會被「報酬率十倍！」、「把一億變成一百億」的成績吸引，在過去的環境下這的確不是件困難的事，但時代不同了，除非你有讓時間倒流的能力，否則盲目追求十倍報酬，就跟買樂透的心態沒什麼兩樣。也就是說，投資應該著眼於「未來」，應避免被過去的經驗綁架導致決策錯誤。

　　我在三星生物製劑（以下簡稱三星生物）上市時，以長期投資為目標買進該標的，經過一年六個月左右，三星生物持續上漲，在達到買進價格的三倍時全部賣出。當時李在鎔副會長還未遭到收押，考慮賣出的人不多，但是在

我看來，當時股價已經漲到17萬元，而三星生物的獲利表現並沒有如同股價表現一般亮眼，卻還能持續暴漲到近50萬元，這根本是神話，令人擔憂。後來，我參考該企業的業績成長速度、工廠增設速度、未來價值等，最終決定賣出，果然不久之後三星生物就爆出行賄醜聞，股價腰斬了一半。

當然，投資不可能總是賺錢。當時我投資的另一個標的就以認賠做收。那時我看好網路公司發展，大約在股價10萬元左右買進韓國網路龍頭Kakao，眼看股價下跌到7萬元，為了避免損失擴大即時停損。幸好我當時以差不多的比例投資三星生物和Kakao，所以以整體來說還是有獲利，成功「停利[1]」，在這麼短的時間內累積獲利及虧損的經驗，對我來說是非常有價值的學習。

💰 人生第一次買到停牌下市股

還有另外一個令我印象深刻的投資經驗，在我還是投資菜鳥時，經歷了錦湖輪胎（Kumho）的企業債務重組[2]。

當時錦湖輪胎是全球輪胎銷量前五名的優秀企業，但由於過度負債和營運虧損，2009年12月宣布債務重組，2008年因雷曼兄弟事件而暴跌過一次的錦湖輪胎，因為宣布債務重組使得本已探底的股價直接跳水。從2007年每股5萬元（減資[3]前的基準為15萬元）的水準，到2010年1月的9千元（減資前的基準為1.8萬元），足足暴跌超過80％。

當時我對於虧損減資或現金增資等財務改善計劃一無所知，所以只看到錦湖輪胎的「品牌」就決定投資。不知道是不是因為新手運氣，錦湖輪胎到8月為止持續上漲，在短期內獲得50％以上的收益，當時我用打工存下的錢投資錦湖輪胎，也為自己帶來可觀的收益，我用這筆收益補貼生活費，也用來加碼買進其他標的，也就是所謂的攤平[4]。

就在我以為錦湖輪胎會這樣一飛衝天的時候，我遇到投資生涯中第一次的「停牌」——錦湖輪胎被宣告停止交易了。不過因為這支股票的收益主要是拿來補貼生活費的，所以一有獲利我就會盡快套現，也因此幸運地幾乎沒有虧到本金，但還是因為當時不夠了解股票交易的運作原

則，犯下投資新手才會犯的錯而招致損失。

　　記取教訓後，我開始學習投資知識，當時財經資訊還沒有像現在這樣普及，幾乎上網就能找到所有投資相關的知識，也沒有這麼多教人投資的書，我還是靠著不斷自學，掌握讀懂財務報表的方法，以及一套判斷行情的祕訣，這讓我在2020年的熊市和牛市中，採取合宜的對策，跟著行情穩定致富。

　　俗話說：「三歲定終生。」我個人認為「投資前三年的習慣會持續一輩子。」因此，我希望透過這本書，幫助投資人建立基本的經濟概念，並養成良好的投資習慣，不被浮誇的報酬率吸引，無論在熊市或牛市，都能寫出自己的投資腳本，創造穩定的報酬，打造專屬個人的穩定致富策略。

注釋

1 以高於買進價的價格獲利賣出。

2 債務重組,是指債務人和債權人為了避免企業破產而尋求解決方法的一種行為。為了達到企業債務重整的目的,首先相關企業必須先努力償還金融機構的債務,但大部分情況下,由於企業無法自行解決,所以會給予延緩償還債務和減免債務,以及根據需求支援新的資金等,達到金融機關一起損失分攤。

3 這是股份公司透過減免股票金額或股票數量等來減少資本額,與增資形成對比的概念。詳見第三章。

4 股價下跌時追加買進,用以降低平均買進成本的行為。

第一章

為什麼不管市場好壞，
都要做股票？

01
翻轉命運的最速管道

　　每個人決定踏入投資市場的時機各有不同，不過都有相同的目標：賺錢。因此，若想了解投資市場，就必須先了解「錢」。

　　關於錢的歷史，可以追溯到史前時代，當時的人已經有貨幣的概念，貨幣種類包含：貝殼、經人工磨尖的石頭、動物的骨骼和皮革等，主要用來交換生活必需品，或穿戴在身上作為裝飾，以彰顯地位、身分。貿易方式則是採取「以物易物」，但以物易物的交換體系無法公平地「定價」，因為我認定的貝殼價值，可能和對方心裡的價值不一樣，交易時很容易產生摩擦，因此這個體制很快就被淘汰了。

💰 從什麼時候開始，權力與財富變得密不可分？

　　直到羅馬時代，開始出現能公平「定價」的貨幣，如金幣、銀幣，也是現今普遍認為能保值的貴金屬。當時的人會用貨幣交易奴隸或購置房地產，然而這個體系制度上也存有缺點，由於沒有負責管理貨幣流通的機構，開始出現大量偽造的貨幣，導致人們對貨幣的真偽存疑，進而減少使用貨幣，後來演變成大部分的金幣都存在貴族們的金庫裡，成為財富的象徵。

　　比較特別的是，當時也把「人」視為資產，也可作為交易的工具。在羅馬時代，奴隸制度和傭兵制度有維持社會結構的重要作用，當時在市面上主要流通的是第納里烏斯[1]銀幣，但因為偽幣氾濫，因此商人們開始也把「人」作為價值交換的標準之一，普通奴隸的定價是 1,000 第納里烏斯，有特定技術的奴隸則等同於 2,000 至 3,000 第納里烏斯，都可以交易等價的物品。從這裡也發現，「勞力和技術」在羅馬時期是有「價值」的資產。順帶一提，此種交易體系制度也曾在韓國歷史上出現，在 10 世紀高麗時

代的文獻中，也發現國家指定奴婢公定價格的記錄，可以說這是人類歷史自然發展出的經濟體系。

💰 大航海時代商人以財謀權，有錢就有話語權

後來進入封建社會，各國國王將屬地分封給臣子與貴族，受封的領主擁有屬地的絕對支配權，擁有當地人民的勞動力，也能組建自己的軍隊，只要每年定期上繳生產的糧食與特產，這套系統也成為當時主要的經濟體系。從皇室到領主都透過這套系統累積可觀的財富，正是這筆豐厚的資產，揭開中世紀歐洲大航海時代的序幕，15世紀西班牙女王伊莎貝拉一世（Isabel I la Católica）贊助哥倫布（Christopher Columbus）出航，開啟歐洲皇宮貴族組織艦隊出航，佔領新大陸並搜刮新大陸上的資源，例如從南美洲運回黃金、白銀以及將當地原住民視為奴隸輸出到歐洲，這不僅帶來全球政治版圖上的重新布局，也開啟全新的世界經濟局面。

15至16世紀的歐洲強國，擁有世界最強大的軍隊，

他們拿著火繩槍到處征戰、佔領新的領土，也把全世界的資源都往歐洲送。他們第一個瓜分的地區，就是離歐洲最近的中南美洲，他們在當地大量開採白銀與黃金，並運回歐洲鑄塊[2]或鑄成硬幣，這也成為當時歐洲主要的交易工具。

大航海時代的海上霸權西班牙，在全盛時期掌管全世界超過80%以上的黃金生產量。但是，長期征戰導致西班牙國家財政持續惡化，西班牙皇室將70%的資產都用在戰爭上，使得西班牙皇室瀕臨破產邊緣，儘管如此西班牙仍執迷不悟，以皇室擁有的礦山、土地、港灣等作為擔保，向商人籌得戰爭資金以維持他們的征服世界的夢。結果，王室的財產最終都歸商人所有，商人的地位也隨之水漲船高。

你可能會很疑惑，為什麼我要講這麼長一段，看似與本書主題無關的內容？因為就在此時「股票」首次登場。

💰 衝破封建藩籬，小額投資也能賺大錢

當時在荷蘭最具勢力的猶太人，將民族特有的文化與經濟體系結合，成立漁業合作社和貿易公司，最具代表性的就是荷蘭東印度公司[3]，這是世界上第一家股份公司。他們為了籌備擴大營運的資金，想盡辦法吸引更多股東來投資以獲得更多資金挹注，其中最有名的就是「股利」政策，也就是將公司賺來的盈餘返還給投資人。投資人嚐到甜頭後，開始尋找會賺錢的公司，這樣即使自己不工作也能賺錢，即開始找尋「錢生錢」的方法。

股份公司出現，大大改變人類累積財富和掌握權力的路徑。在股份公司出現之前，各國靠發動戰爭才能合理地奪取財富和取得權力，從特洛伊戰爭到布匿戰爭、唐朝新羅戰爭、十字軍東征、玫瑰戰爭、壬辰倭亂、丙子戰爭等人類歷史上曾有過無數次攸關國家或民族命運的戰爭，戰勝國的貴族和國王名留青史，戰敗國從歷史上消失。當時，國王的權力來自強大的軍事實力，貴族的力量則是來自於財富。

到了中世紀之後，隨著貨幣交易的盛行，商人階級誕生，地位也隨著商業繁盛而水漲船高。累積巨額財富的商人家族，在贊助國王或貴族的同時，順勢被編入成新的統治階層，其自身也確保了軍事力量，並培養勢力。財富也更集中在特權階級手上。

由此可知股份公司出現，觸發了結構性革命，不需要準備大筆資金開公司，透過投資企業就可以賺錢。從那時開始，全球建立新的「金融」秩序，財富與權力不再被統治階級壟斷，就算是平民也能靠著投資致富，翻轉階級與命運，迎來了嶄新的世代。

在過去，出身決定了人一生的命運，但現在我們能透過投資翻轉命運，就算不是追求大富大貴，至少能過上安穩、不用為三餐煩惱的生活。將權貴比喻成資深玩家，現在才投入市場的投資人就是初階新手，在銀彈、經驗都相對缺乏的狀況下，新手要如何與資深玩家在同一個市場上競爭，還能賺到錢？就是必須更了解資產市場，了解市場的特徵、掌握市場的走向趨勢，這也是這本書要告訴大家的重要概念。

那麼，21世紀的資產市場中最重要的觀察重點會是
什麼？

02

左右市場的兩隻手：通膨、通縮

　　多數人一定都聽過「通貨膨脹（inflation）」和「通貨緊縮（deflation）」，這就是左右21世紀資產市場走勢的兩大關鍵。我想你們一定也查詢過關於這兩大現象的解釋。但還是不太理解。的確，若要清楚說明通膨和通縮的成因，可能需要花上一本書的篇幅才能講清楚，但我認為對於新手投資人來說，若想要掌握市場趨勢，只要記得重要的概念就好。以下簡單說明這兩大經濟現象：通貨膨脹是因為市場上的流通貨幣增加，導致物價上升，人們的購買力下降；通貨緊縮則是因為市場上的流通貨幣減少，導致物價下跌，企業的營收衰退。

　　通膨和通縮對市場趨勢的影響有多大？連被稱為世紀

天才的投資大師們都非常關注這兩大現象，由此可知這兩個現象與市場趨勢的緊密連結。

在通膨時因為市面上流通的資金增加，市場交易也會跟著熱絡起來；反之在通縮時投資人普遍會趨於保守，保留多一點資產在身邊，市場交易也會跟著萎縮。你發現了嗎？無論通膨還是通縮發生，那些市場上的天才投資人並沒有因此而退出市場，而是「調整」投資策略。

因此，很多人問我現在該投資嗎？現在是不是該出清手中所有持股？我的答案一定是否定的。無論市場好壞，都能透過投資獲利，甚至做出領先大盤報酬率的成績。但要做到這一點，前提就是你是否能掌握市場趨勢。

💰 為什麼美元最能保值？

上一段談到通膨與通縮出現的主因，與市場上貨幣的流通量有密切關聯，也就是說，若能掌握貨幣流通量的增加和減少趨勢，就能預測市場變化。那麼，市場上的錢為什麼會增加，又為什麼會減少？若想進一步了解貨幣流通

的變化規則，可以從國際金融市場的歷史中歸納出重點。

讓我們回到19世紀，1867年歐洲貨幣會議上，當時的列強聚集在一起，為幣值定出一套評估標準。此後，全世界主要國家開始採行金本位制，簡言之就是要發行多少貨幣，就必須儲備等價的黃金量。

但是1914年第一次世界大戰開始後，歐洲各國為了支應戰時的開銷，開始大量發行貨幣，導致英鎊、法郎等貨幣價值崩跌，使得美元趁勢而起，成為全球投資人避險的首選。

第一次世界大戰後隨之引發經濟大蕭條，全球經濟經歷資產泡沫崩潰的艱巨波折，接著經歷第二次世界大戰，歐洲各國貨幣失去了主導地位，打了兩次世界大戰，本來坐擁大量黃金的歐洲國家，為了購買軍武，支付戰敗賠款，導致大量黃金流向美國，也促成美國成為世界新興霸權。

1944年7月第二次世界大戰即將結束之際，44個國家的代表在美國新罕布什爾州布列敦森林鎮（Bretton Woods）

的華盛頓酒店召開會議，討論戰後新貨幣制度，兩次大戰之前，全世界大部分黃金都由歐洲所持有，世界主要流通的貨幣是英鎊。但是隨著戰爭物資和黃金的交換，全世界70%的黃金都集中在美國聯準會的金庫裡。在此種情況下，勢必需要重新評估國際貨幣的兌換、各國的收支的調節、及國際儲備資產的原則等。在此次會議上，各國在新的國際結算制度上發生了爭論，最後是由美元取得了勝利，成為布列敦森林協定（Bretton Woods Agreements）的主要內容。

美元就此成為了新的國際儲備貨幣，也象徵英鎊的失勢。在布列敦森林協定後，如果想將英鎊兌換成黃金，就必須先兌換成美元，才能購入黃金。大幅降低了原先英鎊在市場的流通量。

布列敦森林協定除讓美元成為國際儲備貨幣，會議上還討論出許多新的國際金融策略，為了重建兩次大戰期間的主要戰場歐洲，成立了國際貨幣基金組織（International Monetary Fund, IMF）以及國際復興開發銀行（International Bank for Reconstructionand Development,

IBRD）前者負責向成員國提供短期資金借貸，目的為保障國際貨幣體系的穩定；後者提供中長期信貸來促進成員國經濟復甦。這些組織成為近代經濟體系的基礎，宣告全球金融萌芽。

💰 美元告別金本位制，全球物價飆漲

美國慶祝美元成為國際儲備貨幣的喜悅並沒有維持太久，煩惱就隨之而來。由於國際儲備貨幣必須與採金本位制，因此即使全球貨幣的標準變成美元，在布列敦森林協定後，各國同意每盎司黃金固定兌換35美元，然而像這樣以黃金價值為基準運轉的金融系統，一直以來存在諸多問題。

美元採行金本位制後，聯準會擁有多少黃金才能發行多少美元，乍聽之下很合理。但實際上，黃金開採量容易產生波動，無法穩定地提供；另一方面，全球的經濟成長速度也很難預測，如果黃金開採量沒有跟上經濟成長速度，市場就可能進入通縮；反之則會出現通膨現象。

　　舉例來說，假設法國的經濟規模每年成長10%，法國央行每年必須增加10%的黃金儲備量，才能使經濟規模和貨幣流通量保持一致。只要貨幣流通量和經濟規模無法互相配合，市場就很容易進入通膨或通縮，也就是說，在經濟快速成長的區間段，物價也會急劇上漲，通貨膨脹帶動了市場；反之，泡沫崩潰時資產價格暴跌，通貨緊縮支配市場，消費凍結，導致惡性循環反覆出現，這就是金本位制度的最大問題所在。

　　在第一次和第二次世界大戰爆發之前，全球經濟得益於殖民地擴張和開發新資源，一直保持穩定地成長，自戰爭結束以後，世界經濟的發展速度非常快，快至令人瞠目結舌的程度，並隨著能使一個國家經濟破產的耗資巨大的戰爭減少，再加上經濟成長速度的隨之加快，經濟學家紛紛擔心黃金儲備量跟不上世界經濟的成長速度之際，隨之又發生了另一個問題。

　　在二次大戰後世界各國分為以蘇聯和美國為首的兩大集團，分別代表了共產主義和資本主義，包括分裂為南北韓的朝鮮半島在內、東德和西德，以及東歐和西歐。兩大

集團之間持續對抗約三十年，全球局勢陷入冷戰，最終在
東南亞爆發衝突——越戰。

美國在越南戰爭中投入了兩百多萬士兵，這是美國歷
史上的第一次戰敗。慘痛的失敗也帶來嚴重的經濟問題，
由於美國在越南戰爭中投入了巨額資金，在此過程中發行
大量美元，遠超過聯準會持有的黃金量，這使得美國陷入
「特里芬難題（Triffin Dilemma）」。

美國為了籌措戰爭資金，大量發行美元，而此舉也造
成美元持續貶值，因為聯準會擁有的黃金儲備量，遠低於
市場上美元的發行量，各地的投資人察覺這個現象進而擔
心美元暴跌，紛紛開始觀望，猶豫是否該把美元兌換成更
能保值的黃金。

後來，由法國的投資人開了第一槍，他們開始把美元
兌換成「法郎」，再次向法國中央銀行購買黃金，導致法
國中央銀行缺少黃金，隨後法國央行再將持有的美元向聯
準會兌換成黃金，經過這樣的過程，最終法國投資人會留
下黃金，法國中央銀行會留下法郎，聯準會會留下美元。

補充說明　特里芬難題

這是比利時裔美國經濟學家特里芬（Robert Triffin）批評布列敦森林協定時指出的問題點，為了支持其他國家的國際交易結算，而增加美元供給的話，最終美元價值就會下降，作為基礎貨幣的國際信用就岌岌可危。

問題點如下：
1. 全球貿易以美元定價，必須發行足量美元以支應市場流通。
2. 美元印得愈多，美元對黃金的兌換價值就愈低。
3. 為了保存美元價值，如果美元總量受到限制，市場上的美元流通量就會不足。

但問題來了，如果這樣持續下去，最終聯準會只剩下「無法交換」的美元，聯準會維運經濟系統的兩大元素就是黃金與美元，當聯準會擁有的黃金量持續減少，就愈可能導致美元暴跌，市場投資人也會對「美元」失去信心，美國經濟最終將崩潰。

美國政府意識到事態的嚴重性，因此 1971 年 8 月 15 日，美國單方面發表了令全世界震驚的新貨幣政策，美元不再採金本位制，而是引進「可調整的固定匯率制度」，這項宣言被稱為「尼克森衝擊」[4]。此政策可以用一句話概括：「不能再把美元兌換成黃金了。」換言之，這也宣告從 1944 年開始持續約 30 年的金本位制的終結，而且 1 美元的價值不能再用 0.0285 盎司的黃金來做保障。

在此之後全球市場陷入大恐慌，不信任美元的商人開始大幅提高用美元交易的商品價格，例如原來一公斤牛肉以一盎司黃金（35 美元）的價格進行交易，因為 35 美元已經不等於一盎司黃金的價值，於是將一公斤牛肉的價格上調到了 50 美元、70 美元、100 美元，這不僅牛肉，從豬肉、洋蔥、胡蘿蔔等食品，到原油、鐵礦石、銅礦石等原

材料價格也急劇上漲。

💰 通貨膨脹和通貨緊縮如何影響我們？

美元經歷過如此重大的衝擊，為什麼現在美元還是國際主要儲備貨幣之一？甚至全球商品價格多半仍以「美元」定價，這是因為美元已經主宰世界，在整個世界大戰期間，歐洲流入了大量美元，戰後經濟復甦時期和越南戰爭時，美元也占據了全世界貨幣量的絕大部分，在國際市場上美元擁有壓倒性的流通量，所以即使美元貶值，也只能繼續使用美元，這也是迄今美元仍被用作全球原物料等商品結算方法的原因，並支撐著美國霸權。

美國財政官員為了解決此事態也做出了努力，當時的聯準會主席伏克爾（Paul Volcker）為了解決世界性的美元通貨膨脹問題，將基準利率調高至20％左右，試圖維持美元價值，也是因為積極應對金本位制結束後所發生通貨膨脹之戰而獲得「通膨鬥士」的稱號。此後，每當物價上漲率要變嚴重時，聯準會都會積極上調基準利率，以成

功守住美元價值。

但是越南戰爭以後，可以理解美國為了阻止美元暴跌，而費盡心思祭出的一連串措施，但為什麼金本位制被廢除了這麼長一段時間，一直沒有出現足以與美元競爭的貨幣？又聯準會為何將通貨膨脹視為應積極對抗的巨獸？

首先，通貨膨脹[5]是指在一定期間內物價持續上漲的經濟現象，這是經濟成長必然會發生的自然現象，這部分沒什麼問題，問題在於通貨膨脹愈來愈嚴重後可能陷入的「惡性通貨膨脹（hyperinflation）」。一旦惡性通膨發生，也就是物價上漲率超過經濟成長水準，我們將迎來以下的危機：

1. 物價上漲率比收入水準的增加更快。
2. 非必需消費品的消費減少。
3. 生產非必需消費品的企業銷售額減少。
4. 銷售和利潤減少的企業解雇工人。
5. 被解雇的工人愈多，消費就愈萎縮。
6. 隨著生產和消費的不平衡加劇，經濟規模縮小。

7.　　　　進入通貨緊縮，迎來長期經濟蕭條。

最終聯準會為了維持適當的貨幣價值和經濟成長，有必要防止通貨膨脹，為此使用「調升基準利率」的政策；反之，為了防止通貨緊縮，實施「調降基準利率」的政策。

換言之，隨著金本位制的崩潰，以國家信用度為基準發行貨幣的經濟體系穩固，使得各國沒有必要再限制貨幣發行總量，而控制經濟成長速度的黃金，其重要性現在被「基準利率」取代了，各國中央銀行也透過基準利率，近一步調節各國的經濟發展速度。

聽到基準利率大家應該都不陌生，舉凡我們的存款、貸款的利息都是以基準利率為基礎設計的，但你可能不知道，基準利率對投資市場也有密不可分的關係。

03
為什麼各國都在關注聯準會？

　　國家建立中央政府，設立各部門處理各種政府事務，還有另外設置雖然履行政府工作，但卻獨立運作的「公職相關團體」。而「韓國銀行」就是代表性例子。

　　嚴格來說，韓國銀行不是政府機關，雖然是用稅金營運的公職相關機構，但應該看作是不同於政府部門的獨立機構，不僅是韓國，全世界或大部分已開發國家都將中央銀行與政府分開設立，因為中央銀行是製造「貨幣」的地方，如果按照政府的意願發行貨幣並流通，國家經濟可能會瞬間崩潰，中央銀行應該獨立行使「貨幣政策的決定權」，與政府同等的立場，透過協商來營運整體經濟。

💰 能預測基準利率，就能預測市場走勢？

　　愈是已開發國家，中央銀行愈能獨立運作，幾乎與政府站在對等的立場上，對利率、貨幣政策、財政政策、國家公債收購、參與股市等做出決策，專家表示中央銀行最重要的職責是決定「基準利率」。另外，在投資人之間也流傳著一種說法：「只要精準預測基準利率的趨勢，就能在十年內成為富翁」，為什麼會出現這種說法？

　　實際上，國家存在一套經濟體系和一種貨幣，當然也有像中國和香港一樣因政治情況而分離的特殊情況。同理，每個國家只有一家中央銀行向政府和一般銀行提供貨幣，並將中央銀行發行的貨幣，透過貸款等「金融工具」和補助等政府「支援工具」來提供給企業和個人，再以「利息」和「稅金」等形式回到中央銀行和政府手裡，這個原理簡單如下頁圖所示。

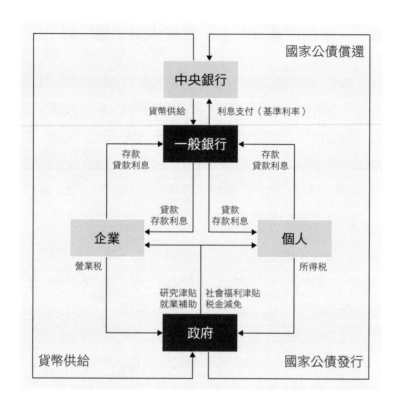

基準利率又被稱作「錢的價格」，因為民間銀行是從中央銀行獲得「貨幣供給的費用」，而這也是企業或個人存款的利率標準，也就是銀行以基準利率再加上一定量的利率，來支付存戶利息。此外企業或個人貸款時，在基準

利率上再加上加算利率，這時民間銀行會根據「風險評估」調整提供給客戶的貸款利率，由此可知，在錢流通的過程中，支付的所有費用的標準就是基準利率。

基準利率為10％和1％時會有什麼差別？我們先從基準利率10％開始算，如果存款利率是基準利率的20％，那麼總共可以獲得12％（基準利率10％＋存款利率2％）的利息；貸款利息為基準利率加上存款利率，還有風險費用（假設為基準利率的30％），共計15％。

因此，貸款做生意或投資時，如果達不到15％的年報酬率，就會虧損。而股票投資的年化報酬率如果比存款利息12％還低的話，當然就不會發生資金湧入股票投資，也就不會造成股市泡沫。

反之基準利率為1％時，存款利息又會出現怎麼樣的變化？這時，基準利率加上存款利息可以獲得1.2％的利息。貸款利息是基準利率加上存款利息和風險費用，總計為1.5％。也就是說，如果基準利率下降，籌措資本的費用就會減少，隨著籌措費用的減少，湧入投資市場的資金

就會增加。如果年報酬率只有1.5％，那麼貸款來投資風險就會相對低，也更容易獲利。這樣就會有更多人投入投資市場，像股票等金融產品也會隨之上漲。

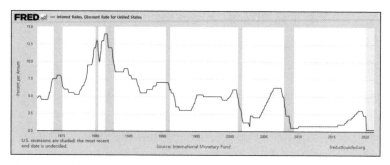

美國基準利率趨勢，出處：FRED

上圖顯示了美國的基準利率變化，近50年來，聯準會透過調節基準利率來控制資產或商品價格，初期基準利率相當高，因為1971年金本位制被廢除後，信用貨幣被作為新的價值交換方法，發生了急劇地通貨膨脹。此後直到1980年，聯準會將基準利率調高到15％，保存了美元價值，因為基準利率為15％的水準，所以一般普通銀行的存款利率超過了18％和20％，比起擁有商品或資產，將美元交給銀行更有利，就這樣守住了美元的價值。

04

經濟危機後的新市場

　　而後約二十年間，美國根據本國和世界經濟成長速
度，反覆上調和下修基準利率。但是在意想不到之際，卻
迎來危機，如果對經濟議題稍微有些關心的話，至少有聽
過網路泡沫（又稱dot-com泡沫），就是因為網路剛問世
時，人們對未來充滿巨大的幻想。

💰 2000年代初網際網路泡沫

　　1994年起，網景的Netscape Navigator、微軟的IE等網
路瀏覽器先後問世，1996年美國修改了電信法後，任何
人都可以經營「網路事業」，此後「網際網路公司」如雨
後春筍般成立。

新興網際網路公司的首要課題就是要留住用戶，拚命吸引新創投資[6]，網路公司更是透過網路資源無成本投放廣告，到處都充斥著網路公司的介紹，當時人們深信全世界都將迅速改變，因此吸引大批投資人投資網路公司。

　　這個時期雖然有微軟、英特爾、思科（Cisco）或高通（Qualcomm）等成功主導市場創新的企業成長，但也有很多企業如Beenz.com、Webvan、Kibu.com等，在獲得巨額投資金後倒閉。問題在於其中有許多人被網路公司的發展前景吸引，甚至不惜貸款投入大筆資金，在股票暴跌甚至公司破產後，投資人面對大額的虧損，以致債台高築，銀行也陷入倒債危機。

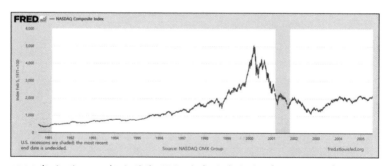

1990年代到2000年代前期那斯達克綜合指數（NASDAQ），
出處：FRED（注：那斯達克綜合指數是觀察高科技股的重要指標）

　　聯準會在資產價格暴跌，「金錢循環」出現問題時下調基準利率，很多企業和個人會從銀行貸款，再把貸款用於企業營運、買房、維持生活等經濟活動，個人和企業透過經濟活動賺的錢再次償還給銀行的方式，以此讓錢循環。在這樣的過程中，如果發生巨大債務違約，銀行就會發生資金不足的問題。這時已經把錢存在銀行裡的人，假設他們認為「銀行如果倒閉我的錢就拿不回來了怎麼辦？」那麼這種時候就很有可能引發大規模提領存款事件，此情況稱之「擠兌」[7]，為了防止銀行資金不足，發生銀行擠兌，聯準會降低了使用資金費用的基準利率。

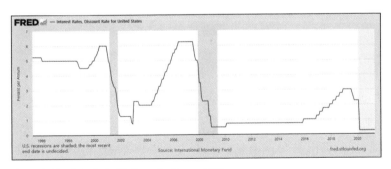

美國基準利率變動趨勢，出處：FRED

💰 2008年金融危機

2008年雷曼兄弟（Lehman Brothers）事件[8]和2020年新冠肺炎危機發生時，聯準會也急忙下調了基準利率。雷曼兄弟事件是由次級房貸所引發的，當時不僅給信用等級低的人提供房貸，甚至是以虛構的人和寵物名字，也可以進行房貸擔保貸款。簡單來說，就是貸款給所有想買房子的人，當時的房貸有標示風險等級，只是將不良的房地產擔保貸款權，與優質的捆綁在一起，變成一種將危險性弱化的投資商品，然後再將這些投資商品又重新捆綁在一起，組成新的投資商品進行銷售，最終導致房市泡沫化，這就是所謂的「次貸危機」。

不僅是雷曼兄弟，美國銀行（Bank of America）、摩根大通（JP Morgan Chase）、高盛（Goldman Sachs）、美國國際（AIG）等美國代表性的金融公司幾乎都參與其中，如果沒有聯準會和政府介入，整個華爾街甚至全世界的經濟都有可能會崩解。

次貸危機對全球經濟體產生強大衝擊，聯準會與美國

政府為了止血出手相救，雖然雷曼兄弟最後還是宣告破產，但除此之外華爾街超大型金融公司都以極低的利率，獲得巨額周轉資金，解決了無法回收的債券問題，這為全球銀行爭取到了能夠協調結算債務的時間，在這個過程中出現了公平性問題，因為華爾街不負責任的資料審查和貸款程序，隨後導致的問題卻要由美國國民的稅金解決，而那些打造出不良貸款商品的人，以及存活下來的華爾街成員，反而獲得巨額挹注，躲過了劫難。

新冠肺炎危機

2020年新冠肺炎危機也可以用同樣的原理來解釋，由於病毒的擴散，市民的移動被限制，上下班不自由的情況下，企業的經濟活動也被迫停滯，企業和家庭面臨無法償還貸款的情況，而貸款償還期限將至，但處於沒有收益情況的企業與雷曼兄弟時的情況一樣，因無法克服外部利空因素而面臨破產危機。

企業的連鎖破產會導致失業者增加，而失業者增加消

費自然就會減少，如果消費減少，生產就會停止，這就會導致另一家企業倒閉，中央銀行為了防止這種惡性循環發生，以直接購買高利率債券來介入，購買利息高的債券後，以低廉的利率向企業提供新的貸款。此外對於個人，政府部門比平時支付更多的失業補助，這樣可以防止企業破產，保障個人消費，引導資金重新循環。

但是這次聯準會的降息政策也延續到了資本家們身上，最初聯準會的措施發揮了其應有的效果，但由於新冠肺炎的封鎖策略[9]，很多工人接到了無薪假或解雇通知，政府為了讓勞工維持生計，維持經濟活動，追加支付失業補助和特別補助金等政策維持了一年多。

得益於此，美國的消費恢復到新冠肺炎以前，企業可以維持生產和雇用，投資企業的資本家們藉助聯準會的利率政策和貨幣政策、政府的財政政策，對迅速恢復的股也價歡喜雀躍，企業的業績也急劇增加。

但是進入 2021 年，情況開始逆轉，新冠肺炎期間累積的消費需求爆發，出現了生產跟不上需求的現象，反而

出現了「通貨膨脹」擴大的危機，在此時期發現將危機轉化為機會的投資人獲得了巨大收益，愈是事先掌握市場趨勢和政策方向的投資人，報酬率就愈高。雖然普通市民透過國家的補助政策維持生活已是萬幸，但同時得益於政府的補助政策與銀行優待，資本家因此累積了可觀的財富。

💰 抑制量化寬鬆後，世界經濟將如何發展？

雖然存在公正性爭議和通貨膨脹等幾個問題，但從防患於未然這一點來看，可以確定的是，各國中央銀行和政府適當的利率調節和振興政策有多重要，聯準會和政府在經濟危機時調降利率，使用補助政策；反之如果經濟正常恢復，就會「調升利率」，畢竟，為了恢復市場投入的資金並非「免費」，最終必須收回，所以在經濟恢復到目標值時，就會實行量化緊縮政策，也就是減少市場上貨幣的流通量。

典型的緊縮政策就是調升利率。很多專家表示，調升利率可能會導致「股市盤整[10]」，隨著 2021 年下半年美國

顯露出縮減量化寬鬆[11]，全球股市都處於緊張狀態，但是緊縮政策真的只會對股市產生負面影響嗎？

正如上述所言，調升基準利率會導致貸款利率隨之上調，如果貸款利息提高，可能會發生貸款投資人繳不出貸款，而企業亦會為了併購或擴充廠房設備等所製造的債務負擔也會加重，利息成本增加引發利潤下降，就可能影響投資人信心。再加上存款利率調升的話，股票投資期待報酬率也會提高，存款利率在3％水準時想要透過股票獲得的報酬率，必定會和1％時有所不同。

舉例來說，散戶對股市期待的預期報酬率，假設以十二個月為基準是10％，如果存款利率為1％的話，那麼10％的報酬率將會極具魅力，即使冒著減少損失本金的風險，想要投資股票的資金會很多；但是存款利率為3％的話，會怎麼樣？存款在保障本金的同時，給予3％的報酬率，股票要在損失本金危險的情況下，產生10％的報酬率，那麼想法就會有所不同。進攻型的投資人，雖然會參與股市，但如果想要穩定收益的話，可能會偏好選擇存款。

運用大筆資金的專業投資人，也會在調升利率的環境中有著相同苦惱。假設股市的預期報酬率是10%的話，那麼對有損失本金危險的股票和沒有損失本金危險的「債券市場」進行權衡，如果基準利率上調，交易一種「債務借據」的債券市場魅力就會提高，因為債務是必須償還的錢，所以貸款人的本金可以得到保障，因此如果股市不穩定，那麼透過拋售股票，以收購債券的戰略來迴避風險的人會愈來愈多。

此種性質的債券中最具代表性的是美國十年期國債債券，通常被稱為「美國十年期國債」，從現在開始故事會變得有點複雜，以被歸類於安全資產的十年期美國債殖利率和基準利率為基準來解釋投資市場時，可能會遇見下列這些諷刺情況。

1. 美國十年期國債的殖利率反映了今後的經濟成長率，如果美國十年期國債的殖利率上漲的話，反映出投資人高度相信今後經濟將會成長的心理，股市也會好轉。那麼買進股票，賣出現金（或債券）的戰略會是有效的。

2. 當股市的上漲勢頭崎嶇險峻時，市場參與者就會陷
   進股市昂貴的負擔感之中，因此會處理掉危險資產
   的股票，取而代之另尋其他投資之處，此時「最安
   全」的美國十年期國債就會湧入資金，隨著國債價
   格的上漲，殖利率會下降。
3. 如果美國十年期國債殖利率下降的話，今後經濟成
   長率會下降嗎？是否應該賣出股票？可是企業業績
   正在成長之中，股市持續上漲的情況下，賣出股票
   是否會是降低報酬率的選擇？基準利率上升的話，
   企業的利息負擔會增加多少？市場參與者利用多少
   貸款（或槓桿）？從市場流出的投資金將有多少？
   市場的盤整將停在百分之幾的水準？

因為這種諷刺和不確定性，是由於利率上調的緣故，
就是說股市可能會發生盤整，然而從2001年網際網路泡
沫，2008年雷曼兄弟事件後的市場趨勢來看的話，答案
非常明確，「儘管如此市場還是會上漲。」雖然不同國
家、不同區塊、不同企業會有一定程度的差異，但大部分
意見認為股市從長期來看一定會隨經濟成長而上漲。這裡

所說的調節經濟成長速度的最重要因素，是以基準利率為代表的貨幣政策，還有以稅金、補助金等為代表的財政政策。

貨幣政策和財政政策的平衡會隨著時間變得愈來愈重要。2010年時智慧型手機還未普及前，手機交易系統（Mobile Trading System, MTS）也只在開發階段而已，比起直接投資股票，像基金等這一類金融商品投資，委託基金經理帳戶運作資金的投資人更多，對散戶而言，要直接投資股票還有一定的難度；但是在智慧型手機普及後，隨時隨地都可以用手機進行交易，股票投資與大眾幾乎零距離，股價漲落直接關係到個人消費，也關係到政治人物的支持率，甚至也發表了會影響工作效率的研究結果，成為了大眾矚目的焦點。

因此各國中央銀行和政府不得不重視股市的穩定運作，在決定政府政策時，逐漸轉變為以股市參與者為優先的決策環境，比起遵守過去一百年間維持的自由市場原則，會朝將股市衝擊減至最小的方向來制定政策，當然受益就只能原封不動地再回到資本家身上。會深化貧富差

距，而此種貧富差距會再次透過政府政策的努力來解決。最終所有經濟現象的核心關鍵，都有基準利率的身影，而為了成為找出自己穩定致富的模式，就一定要了解基準利率和財政政策。

05
工作機會變少，熱錢變多，
心態要如何調整？

　　人類的歷史與技術的發展一脈相承，21世紀的人類實現了千百年前的人們無法想像的文明，技術變化的速度更為快速，而人類為了更便利的生活，又開發更多新的技術。

　　我們談論著基準利率和股票投資，這裡為什麼會突然提到人類歷史？因為技術發展會影響經濟，特別是工作職位的變化。大多數專家表示，新冠肺炎以後，許多職位永遠消失了，我們也可從生活周圍發現，的確有許多人的工作內容出現極大的改變，甚至我們愈來愈習慣讓機器來為我們服務。比方說，我們開始習慣自助點餐機，不再優先

選擇請店員為我們點餐；在大型賣場或量販店，本來都是由人工協助結帳的櫃檯，默默開始出現透過機器自助結帳的櫃檯；匯款轉帳時，我們會拿出手機點開 App，不需要親自再跑銀行一趟臨櫃辦理。可以說在我們的生活中，愈來愈朝向「人機協作」的方向發展，就像新型的汽車目前幾乎都有自動跟車服務，目標就是希望在未來開發出自駕車，科技龍頭企業紛紛引進人工智慧技術；各國中央銀行正在測試數位貨幣，網路銀行興起等，這樣的發展勢必會導致工作職位減少。

也有專家指出，新冠肺炎加快科技進步的速度，而最具代表性的就是居家辦公的趨勢，整個社會對工作場域的認知發生了變化，這讓原本對「人機協作」模式還有疑慮的經營者，也因為人力短缺不得「雇用」機器，在疫情的催化導致全球大缺工的浪潮下，首當其衝的就是對人力有大量需求的服務業，因此許多經營者紛紛引進自助服務機或相關系統，結果這讓經營者嚐到甜頭，發現設置自助服務機的費用和後續的維護，比起養大量的人力成本更低、自助服務機就此普及。

此外，我們都已經非常明白，網路大幅改變人類的生活，翻轉我們對商品和服務的消費概念。如原本需要付費的演講或只有在課堂上才能得到的知識，透過 YouTube 也能自學；過去我們需要親自走訪好幾個賣場比價、買東西，現在只要在家點擊一下，就可以輕鬆購買，消費者漸漸習慣不透過經銷商，直接向公司購買產品，也減少本來存在於消費市場的資訊不對等的問題，並降企業低物流、上架等費用，消費者就能用更實惠的價格購入。

💰 科技發展愈快，反而不利經濟成長

諷刺的是技術發展得愈快，經濟規模的擴張速度就愈慢，雖然整體消費的次數和規模擴大，但隨著資訊快速傳播和商品價格下滑，反而促使通貨緊縮逐漸擴大。人們開始熟悉網路購物後，經銷商、中盤商紛紛失去在市場上的價值，取而代之的是平台崛起。這些經營網路平台的企業，打破過去經銷商或中盤商只能在特定區域販售的限制，把全世界都納入自己的市場版圖中，無論消費者在哪裡，都可以透過他們消費，買到全世界的產品。然而，

這些平台企業創造出巨大的收益，但因為沒有實際販售商品，而是賺取企業到平台的上架費、廣告費、佣金等服務費用，繳納稅金遠低於他們賺進口袋的獲利，所以部分政府希望對這些企業進行限制，這也是對平台企業監管呼聲愈來愈高的原因之一。

當然即使政府限制，平台企業的影響力也不會那麼容易減弱，因為這些平台企業已經在市場上占據主導地位。以韓國各大平台崛起為例，韓國的Naver超越了初期競爭的對象Daum、雅虎（Yahoo）、Lycos等（注：如台灣早期也有多家入口網站競爭，像PChome、蕃薯藤，以及與雅虎台灣合併的奇摩），占據了入口網站的最高地位，更在商務和搜尋服務上以壓倒性的優勢占據第一位。

Kakao也是蒸蒸日上的代表性平台企業，首先透過免費聊天工具服務KakaoTalk確保用戶後，推出了僅用一個KakaoTalk帳號就可以輕鬆串聯的遊戲、金融科技、金融服務（KakaoPay、KakaoBank），將便利的服務串聯在一起，最大限度地提高便利性，讓使用者不得不使用，之後增加了網路漫畫、移動出行（KakaoMobility）、音樂串流、購

物等新服務，用戶也正在擴大中。

實際上，「平台經濟」並不限於韓國，而是全球的潮流。更名為Meta的臉書（Facebook），在全世界發揮著巨大的影響力，利用從世界各地賺取的收益，收購合併了Instagram、WhatsApp、Oculus等眾多正在成長且深具潛力的企業，此舉正是不允許競爭對手對自己產生任何威脅的策略。

Google擁有搜尋服務和YouTube這個強大的平台，而透過這種方式，獲得了大量的用戶。搜尋演算法服務以用戶為對象的廣告獲得了巨大的收益，YouTube以和創作者分享收益的結構培養其影響力，向YouTuber提供上傳影片的服務器，並獲得廣告收益，因此自己製作影片上傳的用戶急遽增加，隨著用戶的增加，Google和YouTuber的收益也隨之增加，實現了雙贏。YouTube尤其具有搶占初期市場的效果，優質的內容大幅提升點擊率和收益，不只吸引用戶，也吸引到渴望獲得這批廣大觀眾訂閱的創作者，促使YouTube內容愈來愈多元，這股潮流甚至創造了新興職業——YouTuber。

💰 平台經濟崛起，促成21世紀的通貨緊縮

問題是在這樣的過程中提供「免費」的服務增加了，過去必需付費才能做使用，現在免費使用變得更理所當然了。當然在此過程中，線上廣告、OTT[12]服務、特效濾鏡、網路安全、雲端服務等新事業的登場，有許多過去沒有的職務誕生。

這些項目的共同特點是「資本密集」，管理龐大數據中心所需的人力，遠遠少於啟動一家相同規模的紡織工廠。結果整體社會的工作職位還是相對減少，從企業的立場來看，由於人事成本降低，乍看下對企業經營有利，但從長遠來看，有很多值得擔憂的地方，因為失業者和低薪工作職位的增加，可能會引發經濟蕭條等衝擊。

如果待業者和低薪勞動人口增加，整體消費規模就會縮小，企業必須向市場供應商品，當消費者的購買力下降，即需求量下降，生產量也得跟著減少。經濟學家將這種惡性循環稱為「21世紀型通貨緊縮」，這是指與技術發展成正比，但勞動量下降的諷刺情況。

各國政府和中央銀行也擔憂這樣的趨勢持續發展下去，對經濟的負面影響。沒有一個政府能阻擋技術的發展，因此為了「財富的再分配」，正在嘗試各種政策以遠離通縮現象。

首先政府將以財富集中的跨國平台企業、大企業、資本家為目標，對他們加重課稅，政府用增稅的錢直接僱用勞工，並提出對低薪工作者的補助措施。

你可能會好奇，這樣做企業不會抵制嗎？這是因為企業有絕對不能反對的理由。因為新冠肺炎經濟崩潰時，政府無限制地發行了國債，為了保護消費，實施了多種補助政策，也因此企業和資本家能守住自己的資產。可以說，企業家與政府都在同一條船上，經濟陷入恐慌，企業也遭受重創。

於是在恢復經濟的過程中，為了調節政府之前大量發行的國債，補回在新冠疫情期間發放的各種紓困金，重新培養經濟規模，就必須徵收更多的稅金。那為什麼是大型企業和資本家呢？這樣不是有失公平嗎？說個簡單的例

子你就能明白，年薪為3000萬元的勞動者雖然對於3億的債務會感到負擔，但對於年薪1億元的勞動者來說，3億元的債務應該還在能負擔的範圍內。所以，要擴大經濟規模，我們需要的不是通貨緊縮，而是通貨膨脹，從這個意義上來說，21世紀型通貨緊縮是目前各國政府和聯準會最苦惱的問題。

機器取代人力、通貨緊縮等，看起來都像是壞消息，是否讓你對未來失去信心了？其實，其中藏著對一般人來說絕佳的機會。到目前為止，在現今的經濟體系中，最大的問題是隨著技術的發展，「企業」成長背後對「勞動力」的需求卻在萎縮。值得慶幸的是，在這個隨時可以買賣股票的年代，我們可以投資這些企業，不用為他們做事，而是讓他們來為你賺錢，甚至不需要手中握有大筆資金才能開始投資，每個月從定期定額開始，用小錢也能投資大企業，長期累積下來的報酬率也是相當可觀。這就是一輩子要做投資的理由，也是要找到正確投資方法的理由。那麼，投資什麼樣的企業才能獲得高收益？

06
投資企業的未來

　　成功創業的企業並非從天上掉下來的，大企業的出現背景因時代不同而略有不同。首先，20世紀出現的企業，大多數是由擁有巨額資本的資本家建立，在新事業創立的過程注入大量資金，創造企業規模，韓國從日本殖民到韓戰後，在有如廢墟的國土上，那些利用日本帝國主義的殘餘勢力或在經濟成長期展現良好手腕鞏固地位的企業家，他們和政府聯手後，推升事業規模急速擴張，如三星、現代、SK、LG、大宇、樂天、斗山等大企業，就是透過生產國家所需物資而逐步壯大。

💰 ## 「未來會賺錢的企業」更有魅力

　　從21世紀開始，企業的成長方式逐漸發生了變化，比起成熟的大型企業，投資人紛紛注意到後勢可期的新創企業，人們常說資本流動有趨利性，投資人亦是為了讓資產持續成長，進而以探尋新企業。隨著網路發展，許多新的服務、新的商機應運而生，這使得愈來愈多投資人嗅到錢的味道，開始尋找有潛力的新創企業。

　　當然，此種趨勢是因為具有豐富資本的基礎而出現的現象。在二戰之後，世界換來了表面的和平。取而代之的則是看不見的經濟戰爭，每當經濟危機來臨，各國政府為了保護本國產業，就會展開積極的貨幣政策，結果市場上流通的熱錢過盛，這些錢就會開始流向投資市場。

　　不過，現在的投資人偏好「未來會賺錢的公司」更勝過「已經賺錢的公司」，Meta、Amazon、阿里巴巴、酷澎（Coupang）等企業就是代表性例子。投資新創企業的風險相當高，新創企業這類高成長型的組織有相同的發展模式，一開始很混亂，毫無組織邏輯，創辦人看起來都很

隨性，連西裝都不穿，經營前期非常燒錢，財報看起來都
很慘，但若開始盈利，往往會出現爆炸性的成長，為投資
人帶來巨額報酬。

這是投資市場上已經存在的大型企業，很難做到的獲
利區間。對於商業模式已完備的企業來說，他們已經擁有
成熟的市場規模，在業務成長速度上很難擁有新創企業的
爆發力。

因為這個原因，對投資圈產生極大的影響，愈來愈多
投資人大膽搶進目前看來還不賺錢，或財政狀態混亂的企
業。

💰 你養的是獨角獸還是殭屍？兩個指標驗證

現在的股市也有很多財務狀況不好的企業，但是有些
散戶投資人在投資這些虧損企業時，期待超額的報酬，還
會說：「我投資的企業未來會賺到數千億元，所以不用擔
心現在的財政狀況。」但實際上，「殭屍企業」和「獨角
獸企業」只有一線之差[13]。

例如2021年在美國股市上市的酷澎，這是一家只要韓國人都知道的成功獨角獸企業，但是與酷澎競爭的Coocha、薇美鋪（Wemakeprice）、Tmon的成長速度卻愈來愈慢，且無法滿足投資人的期待，即使新創公司初期作為獨角獸企業候選人而備受關注，但如果在確立事業模式的階段遇到難關，被競爭者奪走主導權，最終也會淪落為空投資金的殭屍企業，因此在投資新創公司等初創企業時，必須熟知其風險。

　　新創公司能否成功，最重要的是「市場規模（market volume）」和「市占率（market share）」，市場規模可作為衡量成長速度的指標，市占率用於衡量企業擴張速度和影響力。這裡我們用Naver購物來舉例，以2015年網上購物結算金額為基準，Naver的市占率達到了4％左右，但是以四年後的2019年第一季度，Naver購物的市占率為13％，2020年的市占率超過了18％，在網路購物市場規模擴大的過程中，持續提高市占率的Naver，僅在網路購物領域就創下了2021年第一季度3,200億韓元創新記錄的毛利，這從2020年第一季度的2,300億韓元增加了約

40％，由此可以確認Naver購物站穩了韓國網購龍頭位置（注：相當於MOMO購物在台灣的地位）。

網購市場在未來規模還會繼續擴大，在規模擴大的市場中，擴大占有率的事業可以說是「下金雞蛋的雞」，在成長性如此明顯的市場上，Naver這樣佔有優勢的企業，即使只有經營網購領域，也是值得長期投資的標的。在企業或市場成長的階段，銷售額增加，利潤淨增[14]。但如果市場規模的擴大達到極限，投資考量也必須改變。

💰 同指標看出「已經賺錢的企業」是否將衰敗

這次我們舉另一個例子來看一下智慧型手機的市場，2007年Apple的iPhone問世後，開啟了新的市場，Nokia、Blackberry、Motorola、Philips、LG、泛泰（Pantech）、Sony、Panasonic、Toshiba等生產原有手機的品牌，市占率迅速下降，Apple和三星的市占率迅速上升，智慧型手機市場的強弱開始被區分開來。智慧型手機在初期是歐洲、美國、東亞等經濟規模排名靠前幾位的國家，以10至30歲

世代為消費中心來往外擴散，此後消費層擴散至中年層，甚至老年層，隨著新客戶的湧入，市場規模持續擴大。

在此過程中智慧型手機的銷售量每年都刷新最高記錄，三星和Apple的銷售量也持續增加，此後隨著智慧型手機開始在中國、東南亞、南美洲和非洲等開發中國家銷售，絕對的銷售量也持續增加，而此時華為、小米、OPPO、VIVO等全球中低價品牌也往上成長。

但是幾乎所有人都擁有智慧型手機的時候，銷售量就開始停止了，一部智慧型手機平均使用時間為兩年左右，全球人口約70億人，所以簡單計算的話，一年約只有35億的銷售量，十年裡不停成長的智慧型手機市場，可新開拓的領域所剩無幾，而現在市場參與者彼此為搶攻市占率而戰，競相追求變化之外，當然上市日程等戰略調整也成為必爭之地。

但是在此種情況下，Apple再次展現了創新的經營策略，競爭對手看到智慧型手機市場的侷限性後，推出像平板電腦一樣的智慧型手機產品，試圖擴大市場，而Apple

則認知到有線耳機的不方便，推出了名為「AirPods」的藍芽無線耳機，大膽嘗試移除3.5mm有線耳機孔，開拓了智慧型手機的相關新市場，結果大獲成功，上市初期對銷售額有很多疑問，但以2020年第四季度為基準，AirPods成為了銷售額超過80億美元的最具創新性產品。

以智慧型手機高占有率作為武器，進而開拓出無線藍芽耳機新市場的Apple股價持續上升，成為全球總市值第一的公司。雖然智慧型手機的市場成長已經停止，但是可穿戴技術[15]的藍芽無線耳機、智慧型手錶等市場，正在創造新的成長動能[16]。

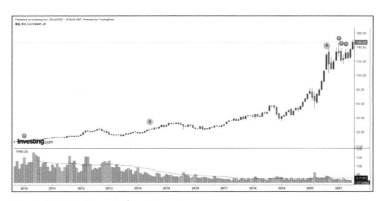

Apple股價走勢，出處：Investing.com

此外1980年代總市值排名第一的IBM，與目前被稱為「科技巨頭」的Apple、Amazon、Google、Meta、微軟等相比，並未受到關注。IBM在銷售電子計算機時，開發了電腦這一新的運算設備，被稱為改變一個時代的創新企業，但是只專注於企業用電腦的IBM錯過了變化趨勢，將市占率拱手讓給了自己影子下成長的英特爾和微軟。最終隨著1995年Windows95的出現，微軟躍居總市值第一的位置，英特爾總市值則居於第二，IBM的時代落幕。

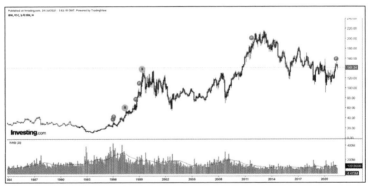

IBM股價走勢，出處：Investing.com

就如同這樣，市場規模的成長性和市占率的升降決定著高成長企業的未來方向，因此在投資時成為重要的指標，如果像MP3市場或現在消失的功能型手機（注：台灣流行戲稱「智障型手機」）[17]市場一樣，判斷規模為迅速縮小的市場，那麼就必須減少投資金額或中斷投資，迅速轉換成新成長的市場。

07
成長型企業的投資策略

像鋼鐵、銅、鋁、食品、飲料等必需消費品市場一樣，市場在規模一定的情況下，可以採取什麼策略進行投資？

我們用餐飲連鎖企業來舉個簡單的例子，大部分連鎖餐飲業者都是先在某個地區發展到極致後，再以全國為單位擴大銷售規模，如果國內市場達到飽和狀態，就會努力進軍海外市場，但不少企業未能適應海外市場，或將國內市場產生的利潤用於經營海外市場，導致企業成長停滯。反之，如果成功適應國外市場，就可能成為國際具代表性的品牌，如星巴克、麥當勞、漢堡王、達美樂、棒約翰（PapaJohn's）等。

這些企業跨越美國，進軍歐洲、亞洲、大洋洲等地，

正在擴大銷售規模和企業價值，在事業順利擴大的情況下，股價上漲是理所當然的，而這一類的企業稱之為「成長股」。成長股有個明確的定義，即可以透過銷售、利潤、市占率、市場規模……等等項目的成長速度，預估股價上漲速度。

💰 從星巴克看成長股週期

舉例來說，假設某年星巴克門市為 1 萬間，第二年預估門市數為 1.2 萬間的話，成長了 20%。此外如果咖啡連鎖店市場規模為 10 兆元，星巴克占有率為 30% 的話，那麼可以期待 3 兆元左右的銷售額。假設一年後市場規模擴大到 12 兆元，如果星巴克的市占率相同，那麼銷售額有望達到 3.6 兆元，因此同樣可以實現 20% 成長。

在全世界主要城市的每個街區，星巴克都占據了一席之地。即便比歐美晚開拓的中國市場，也趨近於飽和。有很多專家認為星巴克是「績優股」，是「魅力投資商品」，實際上美國股市分析師在提出對星巴克的投資意見時，也能看到持續上調目標股價的見解。

日期	評等	券商	評價	目標價
2021/7/23	升級	貝雅公司	中性→優於大盤表現	$117→$142
2021/4/6	首次評等	大西洋證券公司	增持	$128
2021/3/19	升級	Wedbush	中性→優於大盤表現	$108→$124
2021/3/17	重申評等	勞氏公司	符合市場表現	$108→$120
2021/3/16	升級	BTIG	中性→買入	$130
2021/2/23	升級	BMO資本市場	符合市場表現→優於大盤表現	$102→$120
2021/2/5	升級	Gordon Haskett	持有→買入	$100→$120
2021/1/27	重申評等	勞氏公司	符合市場表現	$102→$108
2021/1/19	首次評等	高盛	買入	$115
2020/12/10	重申評等	勞氏公司	符合市場表現	$94→$102
2020/10/30	重申評等	勞氏公司	符合市場表現	$90→$94
2020/10/26	重申評等	加拿大皇家銀行資本市場	優於大盤表現	$89→$97
2020/10/5	重申評等	奧本海默控股公司	優於大盤表現	$85→$101
2020/9/30	升級	Cowen	符合市場表現→優於大盤表現	$77→$99
2020/9/30	重申評等	勞氏公司	符合市場表現	$80→$90
2020/9/21	重申評等	摩根大通	中性	$76→$80
2020/8/25	升級	Stifel	持有→買入	$90
2020/7/20	首次評等	富國銀行	增持	$92
2020/6/24	重申評等	摩根大通	中性	$73→$78
2020/6/23	重申評等	勞氏公司	符合市場表現	$90→$80

美國證券公司報告對「星巴克」的投資意見，出處：Finviz.com

前頁表格整理了專家對星巴克的投資意見，部分上調了目標股價，部分是維持投資意見不變，最右邊的數字是每股的目標股價，大部分專家都認為難以再展店的星巴克，為什麼還是看好它會繼續上漲，而且建議買進？

💰 怎麼確認企業真的有賺錢？

一般來說在企業開始創業初期，投資人和企業家都追求規模的成長，規模愈大，競爭力就愈大，市占率愈大，企業價值就愈高，股價也就上漲。但如果超過一定規模，雖然可以保障穩定的銷售和利潤，但成長速度會變慢，投資人可能會離開去找尋新的成長股，此時企業為了不讓投資人離開，會發放一定的紅利，這就是「股息」，雖然企業成長速度變慢，但透過發放股息阻止投資人拿回資金。

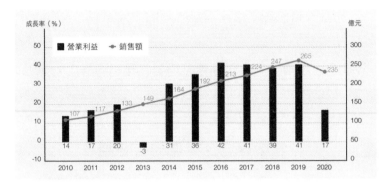

成長率（%）   億元

星巴克業績趨勢

　　星巴克雖然是每年都在成長的企業，但與十年前相
比，最近的速度可能對投資人不具吸引力。實際上星巴克
從2010年到2016年（2013年除外）的營業利潤持續成長
10%以上，但是從2016年開始，隨著競爭激烈，費用增
加，即使銷售額增加，但營業利潤也停滯不前，不斷持續
嘗試提高利潤，引進名為「Sirenorder」[18]的IT技術，賣咖
啡之外，也賣限量商品，還挑戰拓展意大利或中國等新市
場。此外還推出了名為星巴克臻選的高級系列，並在新冠
肺炎疫情期間因時制宜擴大得來速[19]門市等，為擴大店顧
客的服務體驗，做出全力以赴的努力。

遺憾的是對於投資人而言，比起企業的所做出的努力，更重要的是作為其努力結果的銷售、利潤、市占率等「數值上的提升」，從這個角度來看星巴克的話，雖然銷售額有成長，但利潤卻沒有，其投資魅力就可能會有所下降。儘管如此，很多專家高喊買進或目標股價上調的理由是什麼？關鍵就出現在星巴克的股息裡。

星巴克在全球市場成功站穩地位後，從2010年開始配息，2010年0.18美元的年配息，在2020年增加到1.68美元，增加了約933％，星巴克表示今後將繼續增加股息。十年間股價從11美元上漲到125美元，上漲了1,136％，專家預測短期內星巴克銷售將持續成長，股息也將持續增加，投資意見放入「買進」的理由就在於此。如果是十年前，以11美元的價格購買星巴克股票的人，到2020年僅配息就能獲得15.3％的高報酬率，如果五年後、十年後股息政策相同，總有一天光配息就會超越當初投入的本金，等於無本投資，所以專家們仍把星巴克稱為具魅力的投資標的。

除息日	股息	發放日	獲利率
2021/8/11	0.45	2021/8/27	1.47%
2021/5/12	0.45	2021/5/28	1.51%
2012/2/17	0.45	2021/3/5	1.62%
2020/11/10	0.45	2020/11/27	1.75%
2020/8/6	0.41	2020/8/21	1.93%
2020/5/7	0.41	2020/5/22	2.17%
2020/2/5	0.41	2020/2/21	2.11%
2019/11/12	0.41	2019/11/29	1.85%
2019/8/7	0.36	2019/8/23	1.71%
2019/5/8	0.36	2019/5/24	1.59%
2019/2/6	0.36	2019/2/22	1.90%
2018/11/14	0.36	2018/11/30	2.17%
2018/8/8	0.36	2018/8/24	2.45%
2018/5/9	0.3	2018/5/25	2.10%
2018/2/7	0.3	2018/2/23	2.08%
2017/11/15	0.3	2017/21/1	1.95%
2017/8/8	0.25	2017/8/25	1.81%
2017/5/9	0.25	2017/5/26	1.71%

2017 年 Q2 至 2021 年 Q3 的星巴克股息變化，
資料來源：Investing.com

💰 明星商品決定新創企業的存續

　　透過下圖，就能清楚理解企業成長的過程。在市場萌芽的初期，眾多企業透過偉大的目標、願景，藉此引起投資人的關注，但最終以有效的系統迅速提高市占率的企業會存活下來。此後隨著市場進入成熟期，又可分為被淘汰的企業和維持較高市占率的企業，如果能掌握國內市場，甚至進軍至海外市場，從那時開始，市場規模就很難再持續擴大了，透過這張圖可以驗證這個事實。

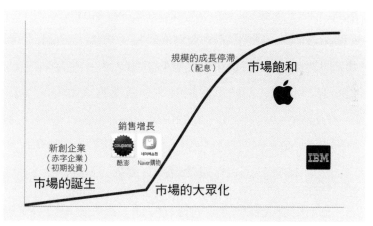

企業成長週期

許多被稱新創企業的新興經營者，利用初期投資開拓新市場，在拓展新市場的同時，為轉虧為盈試驗多種經營模式，此後隨著穩定成長的銷售額，如微軟的 Windows、Apple 的 iPhone、Google 的 YouTube 一樣，努力成為全球標準，而前述所提及的酷澎和 Naver 購物正處於銷售成長、市場大眾化的階段。

此外星巴克是屬於飽和市場的企業，因此可以期待今後與銷售成長成正比的配息，同樣地，Apple 最大的獲利來源智慧型手機市場處於飽和狀態，因此很難期待進一步成長，但令人驚豔的是，Apple 的新商品 AirPods 開拓了一個新市場，帶動了新一輪銷售成長，再加上 Apple 是全世界現金流最佳的企業，配息也非常大方，在虧損之下仍配息給股東。與此不同 IBM 在企業用電腦市場保持了第一的位置，但在個人用電腦市場上，讓位給了微軟、英特爾、Apple，不在多數投資人關注的熱點內。實際上，IBM 最近幾年股價也一直處於下跌。

總結投資成長型企業的獲利關鍵，首先市場要一定程度上認識企業主力事業或企業的金雞母，也就是企業的優

勢所在，觀察企業的市占率及其變化，因為市占率的高低決定成敗，請掌握自身所投資的企業如何適應變化的環境，是否為引領市場的主導企業，並且從創新、成長動能、股息三層面出發，才能挑出能創造長獲利的投資標的。

08
投資價值股抗通膨

以上述所提及的Naver、酷澎、Apple為例，對「成長型企業」進行了說明，但並非全世界的所有的企業，都採取和他們一樣的商業模式在做生意，有些像LG這類型的企業，主力銷售產品仍是傳統家電產品，這種企業通常被歸類為「傳統產業」，在股市上也被稱為「景氣循環產業」，那麼這種傳統產業，應該以什麼樣的觀點來解讀？

在20世紀初期的韓國，家裡買得起汽車、有電視和收音機，就是富裕的象徵，但到了21世紀，生產這些家電、汽車甚至生產纖維、銷售服裝的企業，都不再屬於成長型企業的範疇。因為這些產品已經不再是奢級品，全球大多數家庭都擁有汽車、電視，人人也可以用低廉的價格

買到潮流服飾。甚至更新、更好、更便宜，以電視為例，現在每個人家裡幾乎都有一台以上的電視，且比起傳統電視更薄、更大，甚至出現了不看時可收納，觀看時再升起的可捲式電視。不過儘管如此，電視的基本功能沒有太大的改變，因此不能稱得上是「改變世界」的產品，與創新還有一段差距。

💰 兩個策略，透過價值股穩賺長獲利

這些企業不符合創新、成長動能、股息的條件，就不值得投資嗎？答案並非如此。不是只有成長股才有投資價值，當然美國金融中心華爾街也有只投資Apple、Meta、Netflix、Tesla等新創企業的專家，但是股票投資沒有正確答案，只要投資時機合適，透過價值股可以創造比新創企業更亮眼的報酬率。所謂「價值股」（value stock），通常指價值被市場低估的公司，或是營收沒有顯著成長的公司。

我們來看一下LG的股價（下頁圖），到2020年為

止，還沒有超過2008年金融危機的高點，像LG這樣的製造業，或其他受景氣循環影響的產業也都有類似的股價走勢。從這些企業的長期股價來看，似乎無法超過2008年金融危機或2015年中國市場泡沫崩潰[20]時的高點，那麼投資這類型的企業時，應該怎麼布局呢？

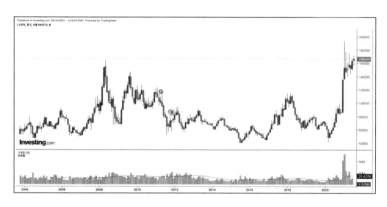

LG股價走勢，出處：Investing.com

　　首先和觀察到的「成長股」對比，所謂「價值股」的企業可以從兩個觀點來制定投資戰略。第一是瞄準差價，舉例來說，如果聽到企業的市占率擴大或進軍新市場的消息，就可以期待股價成長，調整投資比例。

隨著2020年新冠肺炎疫情的全面爆發，大部分的人避免直接到實體門市消費，轉而以線上購物的方式補給必需品，得益於此，全球運輸與物流企業的營收大幅提升，再加上配合新冠疫苗與新藥開發，為了在最短時間內準確地配送到世界各國，物流運輸業成為這波疫情之下的大贏家。

全球物流企業聯邦快遞（FedEx），在新冠肺炎危機時以每股120美元成交，僅在2019年因為業績惡化，雖然股價的趨勢並不好，但短短幾個月內就創下了歷史性的新高價[21]，2020年6月至10月，約五個月的時間，股價漲幅為240％，2018年以後一直原地踏步的股息，也從2021年的0.65美元上漲到0.74美元。隨著企業的業績節節攀升，讓多年來平穩的股價也出現大幅的成長。

第二可以瞄準股息，目標是業績成長連帶促進配息增加，以及以長期投資策略為基礎，透過複利效應帶來的高報酬率。正如前述我在星巴克的案例中提到，如果市場達到飽和狀態，企業成長速度必然會放緩。若遭遇這種時刻，投資人勢必很難從這樣的企業賺到價差，必須從長期

投資的觀點來看事業能否持續經營，並考慮該企業的競爭力能否維持，並且從市場規模和市占率方面來分析，如此從長遠角度來看，就可以期待五年後、十年後透過複利效應創造出來的驚人報酬率。

聯邦快遞股價走勢，出處：Investing.com

💰 可口可樂如何成為巴菲特資產的營養補給？

巴菲特長期投資的可口可樂就是代表性的例子。1986年，巴菲特的波克夏公司（Berkshire Hathaway）開始收購可口可樂的股份，持有可口可樂9.28%的股份（以2021

年為基準），這讓巴菲特成為可口可樂公司的最大股東。
除了巴菲特之外，可口可樂另外兩名重要的股東是世界級
資產運營公司先鋒領航集團（Vanguard Group Inc）和貝
萊德公司（BlackRock），都持有超過5％股份。

1980年代後期，可口可樂以歐美市場為中心發展壯
大，很快稱霸全球市場，是現今除北韓和古巴以外，在全
球都買得到的飲料。你可能會好奇，巴菲特用可口可樂賺
了多少錢？結算至2021年，僅憑股息就達86億美元，當
然買股票的費用也必須要考慮在內。據悉波克夏公司到
1994年為止，持續買進可口可樂的股票，若粗略估算，
當時的股價約在6美元左右，考量期間的股價波動，以
10美元為平均收購價格，再以2020年的股息為每股1.64
美元來看，殖利率高達16.4％。若與現今定存利率2％相
比，這是非常可觀的報酬率。

巴菲特持有可口可樂的殖利率：

$$\frac{1.64\ 美元}{10\ 美元} \times 100\% = 16.4\%$$

巴菲特在可口可樂的全球成長期開始投資，直到成為價值股的現今為止，持有的股票因為年報酬率高，今後如果市場規模進一步擴大，股息也會跟著增加。但是這種投資模式的步調比較長，散戶跟著做可能會覺得無聊、枯燥。但由此可知，根據企業身處不同成長週期，採行不同的投資策略，即使從成長股抱到成了價值股，都能透過長期獲利為自己創造可觀的報酬。

09

股息，股市活絡的強動能？

看完上一篇可口可樂的例子，很多人可能會問：「韓國沒有像可口可樂這樣的企業嗎？」以韓國來說，在韓戰以後，因為企業與政府長期聯手，政府透過企業推行大型建設，企業配合政府發展腳步從中取得獨占市場的優勢而強勢成長，這導致在韓國股市中，散戶甚至是專業投資人幾乎沒有話語權，因此以全球性的標準來說，韓國股市毫無魅力可言。再加上亞洲金融風暴[22]之前的韓國，嚴格限制外國人投資，屬於封閉市場。

進入21世紀後，韓國的地位開始發生變化，現代汽車的Avante（出口名稱為Elantra）、索納塔（Sonata）、起亞Kia汽車的K系列、三星的Galaxy系列和半導體儲存器、LG的家電產品等，在全球市場也推出了具競爭力的

優良產品，以這些產品作為基礎，隨著韓國出口規模的擴大，自然而然成為全球投資人的關注焦點。

韓股KOSPI股價指數的走勢，出處：Investing.com

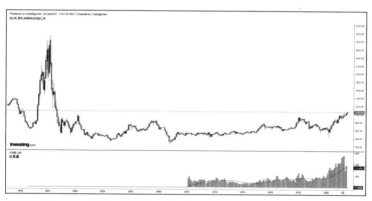

韓股KOSDAQ指數的走勢，出處：Investing.com

💰 韓國股價指數長期盤整，問題出在股息？

但是韓國股市長期處於「箱型」盤整狀態，股市走勢幾乎是持平不變。2007年全世界物價上漲導致通貨膨脹，當時韓國綜合股價指數為2,070點，然後十多年後的2019年底，KOSPI指數為2,190點，從經歷將近十年的時間，差距只有120點來看，就可以了解韓國股市如同一灘死水的盤整狀態。雖然很多專家對韓國股市的盤整[23]進行了多種分析，但我們要記住一個重要事實，就是2019年KOSPI的整體股息，與2007年相比並無太大變化。

年份	當期淨利 （1百萬韓元）	股息 （1百萬韓元）	配息率 （%）
2019	33,637,800	13,058,800	27.3
2017	85,463,500	14,714,000	17.5
2015	56,989,100	15,274,900	21.3
2013	44,003,100	10,064,800	18.3
2011	48,261,100	9,626,200	16.1
2009	43,804,700	8,846,200	16.4
2007	45,634,000	9,608,000	21.1
2005	42,728,000	7,882,200	19.2

韓國上市公司的股利發放，出處：韓國證交所

2007年全球通貨膨脹當時，韓國股市總體發放股息達9.6兆韓元，而以2019年為基準，韓國股市總體發放的股息為13兆韓元，僅僅上漲了35％左右，約3.4兆韓元，在2019年以前，發放最多股息的2016年，現金股息約為17兆韓元，這和九年前的2007年相較下，只增加了約77％。當然股息雖然只有稍微增加，不過也可以較為正面來看待，和全球股市——如美股的發展相比，就很容易找到韓國股市盤整的原因。

市場盤整的投資策略

美國的標準普爾五百指數（S&P500，簡稱「標普五百」）[24]，除了2001年網際網路泡沫和2008年雷曼兄弟危機外，每年發放的股利都有成長，特別是在2008年雷曼兄弟事件之後的四年間，每年以約兩倍的速度上升，每年規模巨大的股息帶動了股價上漲，從2011年股息比2010年增加16.26％開始，2012年18.25％、2013年11.99％、2014年12.72％等，每年持續增加的股息成為美股上升的重要動能。

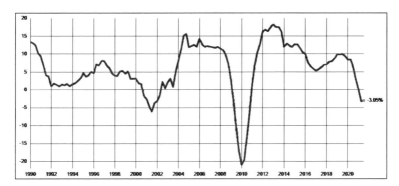

標普五百的現金股息趨勢，
出處：www.multpl.com/s-p-500-dividend-growth

　　像這樣企業透過股息回饋投資人部分利潤，市場稱之為股東回報政策。在全球投資市場上，股東回報政策是非常重要的投資參考指標，看著每年業績和股息增加的標普五百，再看到業績增加但股息沒有增加的KOSPI，投資人一下就可能看出來哪個才是更好的投資標的。

　　面對這樣的投資環境，難道就不投資了嗎？也不用這麼消極，一樣是可以針對市場的變化以及投資標的，調整自己的投資策略。如像是三星和SK海力士一樣，在世界市場上也表現出強大市占率和成長性的企業，就以長期投

資策略為主；若是金融、化學、消費品、通信等每年業績成長，但股息沒有增加的企業，就只有在股價被低估時才能買進，當股價上漲時就立刻賣出，賺取價差。

💰 公司除了配息，還會透過哪些方式分配盈餘？

股東回報政策並非只有股息，買回庫藏股也是股東回報政策之一，如果企業透過經營獲利創造出現金，這些利潤在沒有採取任何其他措施的情況下存入公司帳戶，會計術語稱之為「保留盈餘」，而此種保留盈餘以現金發給投資人就是「股息」，然後用保留盈餘購買自己的股票，就是「買回庫藏股」，對於韓國投資人來說，買回庫藏股是比較生疏的概念，金融體系愈先進，對這種股東回報政策的關注就愈高，因為可以了解股東回報政策對股票的影響。

在韓國企業買回庫藏股很難對股價產生影響，理由如下述，股票是公司在擴充事業資本時發行的證書，在這裡所謂的事業資本，是指投資人的投資金或企業的保留盈餘

等，發行股票的總和與每股價格相乘就是公司的價值，即總市值。

發行股票數量 × 每股價格＝總市值

買回庫藏股是指用公司盈餘重新買回已在股市發行的股票，意即在市場上交易的公司股份被公司買回。但是在韓國多將買回的庫藏股，用於員工認股權[25]或與其他公司的股份交換等的情況很多，最具代表性的例子，如2021年3月 Naver 和新世界為了合作交換 2,500 億韓元規模股份，以及 2021 年 2 月 Kakao 向所有員工各發放 10 股員工認股權。

發行股份
↓
股東間交易
↓
公司買進
↓
員工贈與或交換股份

如果是透過這樣的方式買回庫藏股，發行的股票數量將維持不變，當然公司的價值也不會發生變化。將公司盈餘當成獎金發給員工，或是以股票買進後發放股票，這結果並沒有差異。股份交換也相當於用盈餘在市場上收購彼此的股份，或是兩家公司之間自行交換公司持有的股份都一樣。

　　但是在美國，買回庫藏股的概念與韓國有些不同，雖然買回市場發行的股票與韓國相同，但買回之後會進行註銷。例如，發行1億股股票的企業在市場上買回10%規模，相當1,000萬股庫藏股並註銷，那會怎麼樣？

　　由於企業的價值是固定的，所以每股的價格自然會上升。

$$每股價值：\frac{買進股票比例}{流通股票比例} \times 100\% = \frac{10}{90} \times 100\%。$$

$$\left[\begin{matrix} 1億股 \\ =每股1,000元 \end{matrix} \right] = 總市值1,000億元 = \left[\begin{matrix} 9,000萬股 \\ =每股1,111元 \end{matrix} \right]$$

　　在韓國股票市場成形後，買回並註銷庫藏股的企業屈

指可數，因為大多數企業都是由經營者家族經營，所以比起股東，更有利於經營者家族，而這即使到了2021年情況也沒有多大變化，最具代表性的例子就是三星。李在鎔被拘留時，出現了好幾則延遲投資新設施或併購決議的新聞，這充分說明了大韓民國第一的財團，仍然掌握在經營者家族的手中。

在家族強勢壟斷的影響下，企業獲得的收益很難回報給股東，盈餘沒有回到投資人手中，而是用於在公司內部培養和擴大公司，從鋼鐵業進軍汽車業，再從汽車業進軍電子業等，培養企業本體持續地事業擴張。

就這樣韓國大部分大財團都擁有建築、化學、電子、IT、物流等多個關聯公司，過去韓國市場本身處於成長階段，因此企業大肆擴張事業體系看似沒有任何問題，但是從最近的韓國市場來看，比起有實力的企業，為了依附在大集團光環底下的附屬企業愈來愈多。

韓國大型企業目前都已經擁有成熟的市場與組織，又幾乎都經歷過亞洲金融風暴，對經營者來說，賺到的錢與

其拿去回饋股東,不如如累積起來以應對下一次的危機。結果導致三星物產或像是SK、LG等大企業控股公司[26],坐擁20兆韓元左右的現金盈餘資產,而沒有做適當的週轉與再投資。擁有巨額現金盈餘的三星物產,總市值為21兆韓元,SK的總市值為18兆韓元,LG的總市值為12兆韓元(2022年1月為基準),這些企業的總市值之所以停留在相對較低的水準,是因為即使在這裡投資,也完全沒有回報給投資人,這段時間財經界和政治圈、媒體曾對韓國企業吝於回報股東的政策極力呼籲改善,但1945年以後超過七十年的漫長歲月裡,要改變早已定型的趨勢,這看起來似乎並不容易。由此可知,股東回報政策對投資市場有極大的影響。

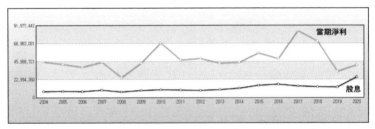

KOSPI上市公司的獲利和股息對照,出處:韓國統計廳

　　2020年新冠肺炎爆發後，韓國股市終於出現變化。與過去十年整體投資市場回饋給投資人的股息相比，最近發放的股息大幅成長，當然這個變化得益於總市值第一的三星發放的特別股[27]，三星在2020年12月發放給特別股投資人每股1,578韓元的股息，一年內約支付了約20兆韓元的股息，這樣的結果與2007年韓國股市整體發放給投資的人9.6兆韓元股息相比，大幅增加100％以上，考慮到2019年韓果股市上市公司股息發放總金額為13兆韓元，僅憑三星的特別股息，韓國股市整體配息率勢必會增加。

　　儘管如此，最近除了三星之外，有很多企業也試圖將盈餘資產用於事業活動及股東回報政策，SK電訊於2021年5月註銷其持有10.8％的庫藏股，SK集團所屬企業為了配合會長崔泰源進攻性的經營步調，在2020年一年內投入了約15兆韓元的併購計劃，四大金融公司KB金融、新韓控股、韓亞金融控股、友利金融控股也開始每季度配息。

　　另外，愈來愈多企業加入發放高股息的行列。所謂「配息率」[28]，此種發展可能會將類似於美國股市等先進投

資市場的趨勢引進韓國，企業利潤增加的話，投資人自然期待股東回報政策的趨勢就是如此。如果愈來愈多人期待企業不累積資金，發展新事業、買回庫藏股進行註銷，或者透過增加股息等措施與投資人分享利潤，最終也會出現長期投資人增加的效果。

以這些變化為依據，很多專家表示韓國股市的性質正在發生轉變，新冠肺炎疫情後，雖然很多散戶進場，但隨著技術的發展，消除了資訊的不對等，又隨著社群媒體的普及，散戶的訴求相對容易傳達給企業，也有人說這將縮減股東和企業之間的距離，隨著市場變化，比起賺取價差，更多投資人可能會為了長期的股利政策而改變投資策略。

看到這裡，會不會有個疑問，股價是否一定與企業的獲利或虧損、事業成長或衰退相關？

10
看懂企業兩大勢力如何左右股價

　　股價會隨著公司併購、盈餘轉增資、股息、買回庫藏股、發行可轉債等重大問題做出反應，投資人在分析這些話題的同時，預測今後的股價方向，大家是否理解影響股價的企業決策和事件，以及為什麼要這麼做？目的為何？

　　在企業管理中「大股東」非常重要。因為公司做出重大決定時，擁有最大發言權的就是大股東，長時間觀察市場，就會發現很多事情都是按照大股東的意願運作，但是又要怎麼看出大股東想要的股價走向？

💰 看懂增資與減資，讓大股東帶你飛

股份公司的股東手上握有多少股份，就想有多少表決權。從多數人參與決策這一點來看，股份公司以類似於民主的模式來營運，但是大部分散戶比起參與研擬企業營運方針，更關心如何獲利，但是再怎麼心繫獲利，也必須要知道企業的決策究竟是為了提高股價，還是相反的是為了降低股價，這樣才能採取相對應的投資策略，獲得長期、穩健的報酬。

要讀懂企業的意圖，就要懂得「融資」的原理。一般來說股價上漲，企業價值也會上升，股價上漲意味著企業會投入相對應的資金。這裡作為參考，股份公司維持事業資金的方法大致會有兩種。第一，向銀行借貸；第二，從投資人那裡直接取得資金。股市是直接企業取得資金的手段，因為投資人直接購買企業發行的股票，以企業的立場來說，發行股票是最快取得資金的管道，可以公開募集大量資金。

此時股票的形態就不只一種，會根據企業的目的發行

一些不同性質的股票，可以換成股票的債券「可轉換公司債[29]」，或新股認購權「附認股權公司債[30]」，或以現金增資[31]吸引投資就是代表性例子，發行這種形式的股票時，股價高時對公司較有利。從大股東的立場來看，股價高的時候即使提高股票發行量，也能避免可以自己的持股被稀釋[32]，同時又可以為企業籌措到充分的運營資金。我們來看在不同股價時發行新股的兩種情況：

（A）

公司需要1,000億元的資金

➡ 在每股1萬元時發行1,000萬股新股

（B）

公司需要1,000億元的資金

➡ 在每股5萬元時發行200萬股新股

總發行股份數原為1,000萬股，假設大股東持有50％的股份。

（A）的情形，增加到2,000萬股，大股東股份500萬股

＝25.0％

（B）的情形，增加到1,200萬股，大股東股份500萬股
＝ 41.7%

此外為了籌措新的資金，不發行新股票，也可以按照大股東持有的股份比例投入新資金，這麼一來股權就不會被稀釋了。但是大股東無法總是確保投資金，這裡我們再回來看一下，在股價高的情況下採行現金增資，新的股票可能稍微低於目前股價的市值，以吸引投資人購買。但若發行量太大，就可能對現有投資人形成利空因素，因為如果釋出太多廉價股票，那麼股價必然會下跌。

💰 這種時候，大股東反而希望股價下跌

股價上漲有時也會被認為是大股東們的計謀，大股東基本上也是持股的投資人，如果股價上漲，本人所擁有的財產價值就會往上升，如果股價出現超額漲幅，可以出售經營權或將部分股份賣給市場來賺取價差，也可以獲得直接的報酬。

因此在股市上不是因為業績，而是因為熱門話題或特

定狀況而暴漲的股票，也被稱之為「操作股」，多半是由於大股東出售股份獲得收益，或者企業為了以有利的條件吸引資金，故意抬高股價，所以投資時需要站在不同的立場上來進行分析。

相反的，也會有大股東不希望股價上漲的時候。大股東的持股是財產，財產要加稅，特別是子女繼承股票此財產時，總市值高的話，會有一筆巨額的稅金，非常有名的例子是2018年LG集團前會長具本茂去世時，具光謨會長繼承股份的過程中，被徵收了9,215億韓元的天文數字遺產稅；2020年因李健熙會長的去世，三星集團的遺產稅高達12兆韓元。如果已故具本茂會長的LG持股更多，或者已故李健熙會長擁有的三星物產、三星、三星生命等的股價更高，遺產稅的規模當然只會更大。

像這樣在股市上股價的上漲和下降，對企業或大股東來說既有利亦有弊。因此如果提前分析大股東相關行動，就可以預測股價的方向。實際上專門分析企業繼承、併購、增設、進軍海外、管理結構改組等問題的投資人也很多，現在判斷此種方式是對還是錯還為時尚早，因為這只

是股市中為了增加資產的多種方法中的一種，但是此種投資方式，重要的是準確快速地掌握和分析資訊的能力。

💰 明明利多消息進場，怎麼就成了韭菜尾？

從大股東的立場來看，股價上漲的話，企業運營資金的融資方便，股價下跌的話，對遺產稅等費用減少有好處，那麼從主力投資人的立場來看，股票價格上漲和下跌時，分別採取什麼樣的戰略會比較好？主力投資人的想法也和大股東一樣複雜。

很多人說企業的股價是營收的表現，但是股價並不總是按照營收來變動，舉例來說三星的營收良好，但財報開出當天股價大部分呈下降趨勢，是因為短線主力早一步布局，在賺飽股價上漲的部分後就出脫離場了。

此外大股東的運作和主力的行為也可能發生衝突，舉個例子來說，股東為了刺激股價而利用的方法中有盈餘轉增資，2021 年初流行的這種盈餘轉增資，意味著將企業賺取的盈餘當成資本合併在一起計算。

　　盈餘和資本的差別在哪？盈餘顧名思義就是企業累積在公司帳戶上的現金；反之資本是事業本錢，意味著企業的基礎財產，這與盈餘不同，是不能自由運用的錢。盈餘轉增資是確保「資本」的行為，按照股東持股比例和新股發行比例，以發放股票的方式將盈餘發放給股東，從市場供應新股票這一點來看，經常被認為是短期利多，因此大股東為了刺激股價，有時會發布盈餘轉增資的消息。

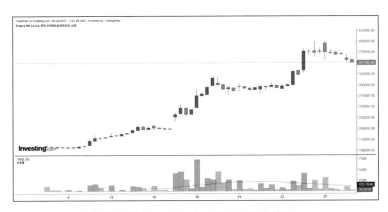

Ecopro HN 盈餘轉增資後出現短期股價上漲的情況，
出處：Investing.com

　　與盈餘轉增資類似的，還有股票分割（拆股）。股票分割是將一股股票分割成多股。簡單地說，如果宣布將面

額5萬元的股票分割為五分之一，那麼持有每股5萬元的投資人，將從特定時間開始持有1萬元的股票，股票分割是為了在證券價格過高，導致交易放緩的情況下，將其拆成較小面額，降低投資門檻的策略，因此一般認為，如果進行股票分割，之後交易會活絡起來，因此市場認為這是利多因素。

如果發表盈餘轉增資、股票分割等特定消息，主力投資人看見到股價將上漲的訊號，將會開始買進，而且與業績相比，股價過度上漲的部分總有一天會下降，因此也會對此進行調節，就是會利用賣空[33]或期貨、期權等金融系統，制定股價下降時也能獲得收益的投資結構。

Seegene 盈餘轉增資後出現短期股價上漲後重新回到原位，
出處：Investing.com

　　因此，若想在市場上創造長期獲利，就必須累積更多經驗，以區分股票現在的價格是因營收而上漲，還是因特定狀況而走揚，是否為適當價格，下降的可能性高不高等，減少誤判的可能，就能減少虧損。

　　這一章從股票的發展緣起談到股價的影響因素，接下來，輪到分析「股價」了。就像學習數學時背數學公式，學習英語時背單字一樣，為了股票投資必須學習的是「投資指標」和「線圖」。

　　第二章將介紹長期投資時需要的投資指標分析方法，也會討論利用投資指標尋找購買時機點的方法。接下來，我們就來了解投資時一定要知道的指標。

注釋

1　Denarius（拉丁語），第納里烏斯或德那留斯，羅馬時代的貨幣
　　之一。

2　倒入鑄模中鑄造成各種模樣的金屬或合金塊。

3　荷蘭東印度公司（Vereenigde Oost-Indische Compagnie, VOC），
　　是受到英國東印度公司設立刺激的荷蘭商人於兩年後的1602年設
　　立。是世界最早的股份公司和跨國企業，同時也是17世紀世界最
　　大的公司。

4　尼克森衝擊（Nixon shock），1971年美國總統尼克森發表包含
　　廢止金本位制，在內的新經濟政策，用以指世界經濟所遭受的衝
　　擊。

5　通貨膨脹是以消費者物價指數（Consumer Price Index, CPI）為
　　基準來衡量。雖然包含在消費者物價指數中的代表項目，在不同
　　國家之間存在差異，但其運作原理是相似的。舉例來說，就當某
　　個國家的CPI衡量項目由通信費、油價、麵粉所組成，如果說一
　　年間通信費上漲10%，油價上漲10%，麵粉上漲10%的話，那
　　麼消費者物價指數則上漲10%，即使米和胡蘿蔔的價格下降，這
　　些也不包括在消費者物價指數標準項目中。因此，不能百分之百
　　信任消費者物價指數，為了最大限度地衡量實際的消費者物價，
　　相關行政單位會採用多種項目。此外，各項目的權重也不同，主
　　要是為了更精準計算出物價的漲跌。

6 新創投資（venture capital），以股票投資形式投資有未來前景的創業公司或公司的資本。

7 擠兌（bankrun），大規模提領銀行存款的現象。

8 2008年9月15日，美國投資銀行雷曼兄弟向紐約南部法院申請破產保護，從而引發的全球金融危機。

9 封鎖（shutdown），政府、企業、社會等的運營中止情況。

10 股價在特定區間來回移動。

11 縮減量化寬鬆（tapering），就是美國聯邦準備系統（Fed）逐漸縮小量化寬鬆政策的規模。

12 OTT服務（over-the-top），透過開放的網路提供電視節目、電影等媒體內容的服務，這裡的top是指電視機上盒（set-topbox）的意思。

13 獨角獸（unicorn），比喻企業價值超過10億美元（約新台幣300億元）的新創企業。

14 實質性的淨增加。

15 可穿戴技術（wearable），穿戴在身上的設備。

16 動能（momentum），公司股價上漲的燃料。

17 功能型手機（featurephone），性能比智慧型手機不好，價格也相對便宜的手機。

18 Sirenorder，星巴克自行引進的智慧型點餐系統，方便顧客用智慧型手機或其他智慧型設備訂購食物或飲料。

19 得來速（Drive-through）門市，可以坐汽車內直接購買的門市。

20 2015年6月15日，中國上海綜合指數開始暴跌，到8月末股價指數下跌了近50%的事件。在泡沫來臨之前，中國上海綜合指數因共產黨的股市干預政策，2014年1月上升到2000點，2015年7月上升到5000點，這是指數只在一年六個月間上升250%的創記錄的泡沫之一。

21 股價創下過去沒有的最高價格時，其價格稱為新高價。

22 亞洲金融風暴是1997年爆發的一場金融危機，從1997年7月開始席捲東亞大部分地區。1990年代初期資金湧入東南亞，因為實際生產力不如帳面，導致經濟出現泡沫，結果由於泰國放棄固定匯率制而爆發，隨後進一步波及至鄰近亞洲國家的貨幣、股票市場及其他資產，相關資產的價值也因此暴跌。

23 沒有上下方向性，以相似的水準進行交易的現象。

24 標準普爾五百指數（Standard & Poor's 500 index），是美國標準普爾公司制定並發表的股價指數，包含500家跨國企業的股票。

25 員工認股權（Stock option），企業賦予員工以相對較低的價格購買本公司股票的權利，以後按市場價出售，可以獲利。

26 以持有和控制關聯公司股份為主要業務的公司。

27 特別股享有固定配息、股息收益通常比普通股高的優勢,特別股享有優先發放股利的權利,也就是特別股股東,索取公司報酬的權限優先。但落後於債權人。

28 配息率:是指企業由每年盈餘中提撥現金股利的比例＝當年現金股利／當年每股盈餘×100%。

29 可轉換公司債(convertible bond, CB),在一定條件下可轉換為發行公司普通股的公司債。

30 附認股權公司債(bond with warrant, BW),賦予發行企業購買股票權利的公司債。

31 公司會分別釋放出不同認股比例,此時的現金增資的新股票發行價格(認股價格)通常會比市價低一點,這中間所產生的價差也是吸引投資人願意認股(再拿出錢投資)的原因之一。如果發行量很大、折價過大,新增資股票略低於市價的定價也可能對原有股票造成傷害,造成原有股東價值稀釋。

32 總發行股份數中大股東所持股份比例減少。

33 瞄準股價下跌產生的差價,在沒有現貨的情況下賣出股票的行為,即使不是實際擁有主權或是即使擁有,也沒有要向對方轉讓的意思,而是透過股票信用交易來進行拋售。

投資指標看這些，
你在意的投資盲點都有解

11

總市值：尋找好股票的標準

　　由於職業的關係，我經常有機會和投資新手聊天，在這個過程中偶爾會被問到這樣的問題，「三星每股8萬元，海力士每股12萬元，那海力士不是更好的企業嗎？」雖然這像是玩笑話，但真的有人問這樣的問題。會這樣問的新手，多半還不了解股價定價的原理，我們現在看到的股價為每股的價格，不同企業發行的股票總量又會有所不同。

　　舉例來說，三星的股票由約60億普通股和8億特別股組成，SK海力士則發行了約7億股普通股，我們來計算一下總市值，以2021年12月底為基準，一股8萬元的三星約68億股的股票在市場上流通，因此總市值為544兆韓

元，計算公式如下：

$$8萬韓元 \times 68億股 = 544兆韓元$$

另外SK海力士的總市值是84兆韓元（2021年12月統計），計算公式如下：

$$12萬韓元 \times 7億股 = 84兆韓元$$

總市值相當於企業的身價。舉個例子，假設我們假設去買衣服，T恤A是3萬元，T恤B是10萬元，當然T恤B看起來更貴，但是T恤A一箱裝進1萬件，T恤B一箱只裝進10件，那麼一箱T恤A的價格是3億元，一箱T恤B的價格是100萬元。

總市值就是這樣的概念，一箱即企業的整體價值，這樣的總市值是投資指標中最基礎的變數。總市值和銷售額、總市值和營業利益、總市值和淨利等其他投資指標一起以多種方式靈活比較。在投資企業之前，一定要養成確認總市值的習慣。

💰 總市值愈大，價格波動愈低

主力會按照一定的原則，依策略買賣股票。首先，會先分析要投資企業的財務報表和業績預期，計算出目標股價，如果在短期內出現超過目標股價的大幅上升趨勢，就會拋售；反之如果下跌，就會以一定比例收購，這與一般散戶希望在短時間內獲得巨大收益因此追高殺低的做法完全不同。

總市值大的企業變動性低，除了主力的影響外還有一個原因，就是通常規模大的企業在市場流通的股票比例較低的緣故。股市從簡單的角度來看，是將我的股票賣給他人，實現獲利[1]或停損[2]的地方，但是主力不會用這麼簡單的邏輯來做投資，會考慮到股利的增長、業績預估值、政策支持等因素，做長期投資的情況很多，意即在買進後一段時間內不會輕易賣出。

再加上跨國企業也包括在指數股票型基金中（exchange traded fund, ETF），ETF資金大量買進該股票，只要相關ETF資金不突然減少，某一家ETF運營公司就會長期持有

該股票，因此也會減少在市場上流通的股票數量，像這樣總市值較大的標的中，因為有來自各方的資金來源、懷著不同目的持有股票，在各種制衡下股價動向往往就會非常無趣。

💰 總市值小的標的，適合短線交易者

反之，總市值小的股票除了大股東的股份之外，大多上由散戶持有，散戶瞄準短期行情價差，根據熱門話題進攻性地買賣股票，因此企業如果發布大型合約或出現利多新聞，散戶資金會瞬間湧入市場，造成短期內股價暴漲，因此總市值小的企業喜歡追求熱門話題，而專門炒短線的「短線交易仔」就特別喜愛這種股票。

請特別留意，股市完全按照資本的邏輯來運作，如果沒有「願意用比我更高的價格購買股票的投資人」，最終損失就是會發生在我的戶頭上。變動性大意味有高報酬，也會有高風險，這之中也會發生大股東或消息靈通的投資人刻意利用散戶偏好，故意把企業的利多消息洩漏給市

場，如果股價因此暴漲，再把自己預先布局的股票倒貨給散戶，所以短線交易者需要密切關注消息面。我也曾在直播中提到，這種買賣不能稱為投資（investment），而是所謂的交易（trade）。

綜合上述所言，總市值是「用數字表現企業的價值」，總市值大的大企業通常股價表現較平穩，適合長期持有；反之總市值小的企業股價變動性較大，短期內可以獲得高收益，但要留意刻意利用這些特性的投資人，投資這類股票必須緊盯各方面的消息，最後提醒，「高報酬伴隨高風險」的原則，在市場上從來沒有例外。

12

本益比（PER）：
判斷股價高低的方法

　　第二個指標是股票投資中最常被提及的本益比（price earning ratio, PER），在企業分析報告或投資頻道上一定會經常看到或聽到這個名詞，簡單來說本益比就是把股價與企業獲利能力聯繫起來的指標。

　　計算本益比時可以使用總市值和淨利，這裡的總市值是「一股的價格」與市場上發行的「所有股票數量」的乘積，淨利是指企業透過事業賺取的收益，減去稅金和折舊[3]等費用後剩下的利潤。也有些人會用股價和每股盈餘（earning per share, EPS）計算本益比。所謂股價，就是買進當時每股的價格，每股盈餘則是將這些企業的淨利，除以市場上發行的所有股票數時，股東每股可以賺多少錢

（每股盈餘＝淨利÷市場上發行的總股數）。

以總發行股數約兩億股的三星生命為例，來計算本益比的話，它目前一股的價格為8萬韓元，前一年淨利為2兆韓元。

總市值＝2億股×8萬韓元＝16兆韓元
每股淨利＝2兆韓元÷2億股＝1萬韓元

以總市值與淨利計算本益比：

16兆韓元（總市值）÷2兆韓元（淨利）＝8

以股價和每股盈餘計算本益比：

8萬韓元（股價）÷1萬韓元（每股盈餘）＝8

如上所述，兩種計算公式「總市值÷淨利」和「股價÷每股盈餘」結果值都是「8」，但是在兩種計算中，大部分金融、經濟相關書籍都選擇股價除以每股盈餘求本益比的方式，原因是企業整年（分四季度）的淨利和總市值經常發生變化，在一年內，隨著現金增資、股票期

權、可轉債等的發行，可能會「發行新股」、「註銷股票」等，股票總發行數量多少會有增減，進而影響總市值的計算。

在全世界最大的市場美國，股票註銷尤為頻繁，因此在美國，按季度發表的業績也會以每股盈餘為標準來進行比較，該企業比前一季度增長了多少業績，給投資人帶來了多少利益，用每股盈餘來計算。

已經了解如何計算本益比，現在讓我們學習如何將本益比用於投資，韓國股市上市的所有企業的平均本益比，在過去十年間都維持在11到14的水準，美國標普五百中企業的平均本益比則維持在15到20的水準，不同國家企業的本益比之所以不同，是因為投資人偏好不同的緣故，更根本的原因是投資人的預期報酬率不同。（注：台股近十年平均本益比約10到20的水準）。

舉例來說，美股每年可以期待10%到15%的股價上漲，以標普五百為基準，可以期待1.5%左右的平均殖利率，但是韓股從2007年到2019年幾乎沒有上升，股息

也沒有比美國多，韓股的平均殖利率與美股相似，僅為1.5％；相反的韓國市場比美國期待少，因此總市值[4]也被低估了。（注；台股近十年平均殖利率約為4％）。

💰 如何依產業別判斷本益比高低？

這種差異不僅發生在國家，也發生在不同產業上，比如建築業是需要非常長步調的產業，從簽訂合約到設計、施工、竣工需要很長時間，再加上是開發有限資源的土地，所以國家的「政策」比企業主導的「創新」更為重要，因此建築業的本益比以10左右的偏低水準進行交易。

金融業也差不多，金融根據中央銀行的基準利率決定存款和貸款利息，對全民的經濟活動影響很大，限制也很多。簡言之，產業本身難有顛覆性創新，所以金融業本益比一般在5左右，在產業別中處於最低水準。

相反的，新冠肺炎之後全世界政府極力推進的綠色新政[5]，或是車用電池相關產業的情況就正好相反，與收益相比，股價非常高，2020年在韓國交易所新上市的「KRX

Secondary Battery K New Deal」，在2021年7月本益比達到了400，個別標的也同樣以高本益比進行交易；三星SDI在2021年上半年，本益比一直超過50，生產車用電池關鍵陽極材料的EcoPro BM，以2021年6月為基準，本益比超過90 。

EcoPro BM 股價走勢，來源：Investing.com

　　產業別本益比，最終取決於投資人如何評價該產業或企業的成長性，如果是成長性高的企業，會一直關注一年、三年、五年，甚至更久之後，比起眼前的利益，夢想著還沒有發生的未來利益，即使本益比高，也會選擇買進，從2019年開始的特斯拉股價上漲就是一個很好的例

子，特斯拉的股價上漲了一年多，創造了本益比1000和報酬率1,000％的歷史記錄，投資人看好特斯拉主導的電動車的未來性，在賦予自動駕駛技術高價值的同時，透過買進持有策略[6]來接近特斯拉股票。

從2020年開始，全世界政府強力推動「碳中和、淨零碳排[7]政策」，再加上新冠肺炎蔓延，讓所有對全球社會的威脅一次現形，電動車普及化又比預想的要快很多，結果電動車相關企業的股價也開始反映未來價值，在本益比足足有100的水準下，股價強勢上漲。

即使是未來成長可能性再高的產業，投資人如果沒有對投資標的進行縝密的分析，也會蒙受巨大損失。韓國股市以對生技企業的評價寬厚而聞名全球，即使沒有具體營收，也有很多生技企業總市值超過1兆韓元，美國在科技或軟體產業也經常出現這種現象，這可以理解為不同國家的特色，但是與科技和軟體產業相較下，很多人對生技產業的成長性持懷疑態度。

例如，新冠肺炎疫情擴散加劇後，很多企業投身於

新冠肺炎疫苗或新冠肺炎治療藥物的開發事業，因此相關企業的股價大幅上漲，但一年過去了，只有少數企業開發出了有效的疫苗或治療藥物，在韓國僅出現賽特瑞恩（Celltrion）成功開發出疫苗，對於如此過度反映未來價值的市場，很多人表示擔憂，如果疫苗或治療藥物開發成功，以預估的市場規模為依據，股價會上漲，但如果失敗，就會造成慘烈的損失。

比起車用電池這樣務實的產業，生技市場的高估值更顯突出，以實際技術為依據，反映企業賺錢能力的本益比，與僅憑期待感提高的本益比有本質上的區別。因此，以合理的根據為基礎，本益比被高估的股票，和因「期待感」而本益比提高的股票，在投資結果上必定會有很大的差異，但是只看本益比的話，不知道是期待感還是有合理根據，這時候就可以用預估本益比作為補充指標。

新豐製藥股價走勢，出處：Investing.com

Genexine 股價走勢，出處：Investing.com

💰 預估本益比，看見企業未來獲利能力

什麼是預估本益比（forward PER）？這是要與本益比一起檢視的重要指標，每間證券公司都有專門負責分析特定企業的產業情況、銷售預估、業績預估值的負責人，負責的分析師會針對各個企業的重要改變而發布新的評估報告，並將今後的銷售預測和下季度或下年度預期業績數字一併附上，此類資料在各種大證券公司或投資相關入口網站上都可以查到。

從這些報告書或企業財務報表來看，這類未來預測值的平均稱為市場共識[8]。目前總市值（股價）除以專家預測未來一年預測的淨利（未來一年預測的每股盈餘），就是預估本益比。

$$預估本益比＝\frac{目前總市值（股價）}{一年預測的淨利（每股盈餘）}$$

預估本益比的最大缺點是分析師的淨利（每股盈餘）預期可能不一致，所以只能作為「參考」。當然本益比本身也有使用上的限制，因為是用過去一年（四個季度）的

淨利（每股盈餘）為基準來計算價格，僅僅根據去年發生的短期活動來計算的淨利（每股盈餘）數字本來就有諸多變數，而這裡的短期活動包括暫時性的費用增加、資產的處置、投資商品的評估差價增加……等等。

本益比雖是分析企業時經常使用的指標，但很難視為完美指標，因為不同國家、不同產業的平均本益比不同，以及計算本益比的現在或未來預期等有太多變動因素，都可能會造成差異。那麼，在難以計算合理的本益比時，可以搭配參考的投資指標還有哪些？

13
企業價值倍數（EV/EBITDA）：
看出企業賺多少現金

　　我們可以將企業活動定義為企圖創造出利潤多於費用（如薪資、營運成本、折舊等）的獲利系統。這裡最重要的是「和費用相比，能創造多少利潤」，而企業價值倍數（EV/EBITDA）就是衡量這些企業現金創造能力的指標。相比同產業水準或歷史水準高通常表示企業被高估，反之則低估。

　　「EV」是企業價值（enterprise value），「EBITDA」是稅前、利息前、折舊及攤銷前利潤（earnings before interest taxes depreciationand amortization）的縮寫。以收購的角度來解釋「企業價值」，是指「企業收購所需的金額」，在

市場上評估企業金額的總市值加上負債，再減去企業持有的現金（企業價值＝總市值＋負債－現金）。而稅前息前折舊攤銷前利潤是指企業單純的「現金創造能力」。因為企業持有的現金在收購後可以立即收回，所以可從收購金額（即企業價值）中扣除；反之負債是收購後也要償還的費用，所以加在收購金額上。因此：

$$企業價值倍數＝\frac{企業收購所需的金額}{企業現金創造能力（以四個季度為基準）}$$

企業價值倍數可以看出如果以現在市場評估的價值（總市值）收購企業，到回收投資本金為止需要多長時間，企業擁有的現金愈多，負債愈少，收購企業所需的金額就愈小，本金回收時間也會減少。因此企業價值倍數在以現金創造能力衡量企業價值時是非常有用的，特別是業績增長較快的企業，企業價值倍數會急劇下降。以下分享兩個例子，說明如何用企業價值倍數，看出其獲利能力。

💰 HMM集團：負債累累，但企業價值倍數良好

讓我們來看一下從2020年開始因航運業起飛，業績大幅改善的HMM集團（現代商船），雖然股價上漲幅度達到十倍，業績有所改善，但本益比卻呈現出不穩定的傾向，而企業價值倍數穩定下降。

財務年月	銷售額		營業利益（億韓元）	本期淨利（億韓元）	EPS（韓元）	PER（倍）	PBR（倍）	ROE（％）	EV／EBITDA（倍）	淨負債比率（％）
	金額（億韓元）	年增率（％）								
2020.9 (A)	17,185	18.70	2,771	246	75	95.74	1.39	1.44	17.75	317.00
2020.12 (A)	20,065	48.36	5,670	1,368	419	33.32	2.70	8.10	13.23	293.61
2021.3 (A)	24,280	84.91	10,193	1,541	465	62.37	4.67	8.05	11.98	191.34

HMM財務報表，資料來源：電子公告系統

當然企業價值倍數也非絕對，HMM集團在重建企業的過程中發行了規模龐大的可轉債，以2020年12月結算為基準，有息負債高達6兆韓元，淨資產負債率達455％，財務非常不健全，儘管企業價值倍數指標趨近合理，我們仍應考慮航運業的特性，如長期合約、運費前景、國際油價趨勢、船舶的折舊等。企業價值倍數只用純粹的現金流評估企業價值，因此很難作為單一投資指標，

建議要搭配其他指標判讀。

💰 南陽乳業：企業價值倍數看不見的暴漲

不過在進行企業間收購合併時，企業價值倍數可以作為有用的投資指標，2021年5月南陽乳業被私募基金Hahn & Company收購。

財務年月	銷售額		營業利益（億韓元）	本期淨利（億韓元）	EPS（韓元）	PER（倍）	PBR（倍）	ROE（%）	EV／EBITDA（倍）	淨負債比率（%）
	金額（億韓元）	年增率（%）								
2018 (A)	10,797	-7.47	86	20	2,273	274.54	0.59	0.23	3.75	-33.98
2019 (A)	10,308	-4.53	4	292	32,968	13.33	0.51	3.25	3.12	-19.24
2020 (A)	9,489	-7.95	-771	-535	-60,339	N/A	0.28	-6.04	-6.15	-13.25

南陽乳業財務報表，資料來源：電子公告系統

南陽乳業的優酪乳飲料「Bulgaris」宣稱以自身的研究結果，對於殺滅新冠肺炎病毒具效果，引發不當銷售的禍根，進而引發民眾抵制拒買事件，南陽乳業會長宣布下台負責，除了成為議論話題。更讓人驚訝的是收購金額，Hahn & Company在收購合併當時，支付市場價格兩倍的破天荒溢價，收購會長一家的持股，但從近幾年南陽乳業

的企業價值倍數來看，不得不對這種收購價格點頭認同。

新冠肺炎爆發之前的2019年，南陽乳業的企業價值倍數為3.12，意即收購後三年左右就能回收全部收購金額，具有現金創造能力。即使考量到南陽乳業效率的營運能力和下降的品牌價值、市占率，這也是充分具魅力的價格。

因此在高達100％的經營權溢價中，很多投資人認為南陽乳業前景可期，股價在收購合併發布的當天創下了漲停板，經過連續兩年內下跌後，展現出氣勢如虹漲勢。

如果在收購南陽乳業時只利用本益比分析企業價值的話，就無法了解投資人的運作動向。因此我們應該了解各種投資指標的原理，並累積能根據當下市場狀況做出反應的情報收集能力。總之，可以利用的工具愈多，就能取得愈好的投資成果。

14
配息率與殖利率：尋找低點的方法

　　這次要了解的指標是想尋找低點，或海外投資時可以靈活使用的配息率和殖利率。我個人在投資指標中參考最多的就是配息率和殖利率。配息率是指企業拿多少比例的盈餘發給投資人；殖利率又稱現金殖利率，指的是投資人買這檔股票會得到多少比例的股息。正如大家所熟知的，股息發放是將銷售額除去費用後，將剩下的部分淨利（即盈餘）返還給投資人，但股息發放的方式非常多元，且各有利弊，若能找到適合自己投資策略的配息方式，在投資上也能收事半功倍之效。

💰 想靠股息增加被動收入一定要知道的事

以和朋友一起創業開一家炒年糕店為例，假設兩個人各出資1億元成立股份有限公司，A和B的股份各為50％，販賣炒年糕後，一年內產生了3億元的銷售額，且有1億元的原物料費用和1億元的管理費、稅金、以及其他費用。

3億元（銷售額）－1億元（原物料費）－
1億元（管理費、稅金、其他費用）＝1億元（淨利）

A和B透過炒年糕事業1年間賺取的淨利為1億元，兩人各擁有50％法人持股，因此各擁有5,000萬元的權利，但是為了設立二號店，沒有將淨利返還股東，而是作為再投資來使用，投資人自然得不到報酬。假如淨利1億元中的50％用於再投資，50％作為股息發放，A和B將按照淨利潤1億的50％，根據投資比例，每人可領取2,500萬元的股息。這裡還有第三條路，不開二號店，也不給股息，那麼1億元的淨利將原封不動地累積在公司帳戶上。

　　這裡值得關注的是發放股息並非義務，股份公司即使賺了錢，也可以不返還股東，而是累積在企業內部，在這種情況下，投資人就得不到報酬。實際上，上市公司多半都會配息，但也的確有企業是完全不配息的，如一般新創企業普遍不配息，處於銷售增長階段的企業，也可能為了擴大業務而發放較少的股息（見下圖）。

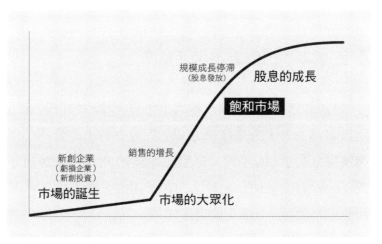

企業成長的週期

　　但是充分實現成長的企業如果選擇不發放股息，投資人就可能收回資金，畢竟投資就是為了賺錢，才將自己的

資金暫時交給公司。如果企業用投資人的錢獲得了收益，卻沒有分享獲利果實給投資人，一旦投資人發現更好的標的，就會選擇抽回資金。況且現在就算是小散戶也能投資全球市場，若對國內企業不滿意，隨時都可以把眼光轉移到其他國家，如果投資人只以固定賺股息為目標，也可以比較各國企業發放股息的習慣，就能知道每個國家的市場有多麼不同。

💰 配息率如何影響市場活絡？

2010年到2017期間，韓國上市公司賺取的淨利對比配息率為20％，這是什麼意思？假設整個上市公司一年內獲得100兆元的淨利，總股息約為20兆元，以2020年三星的特別股息來說，對比2019年追加分配了約10兆元的股息，韓股上市公司的配息率增加到50％，但是除了三星之外，國內股市仍然呈現平均配息率10％左右的低水準。

如果全世界企業的配息率多半在10％到20％左右，

那麼當然沒問題，但僅在中國，大部分國營企業舉著「共產主義」的「共同生產精神」旗號，表現出超過30％的配息率（以2018年為基準）；日本的企業平均配息率也達35％（以2016年為基準），世界第一金融市場——美股的配息率更高達50％（以2016年標普五百為基準），韓國企業的平均配息率與美國相比，連一半都不到，與中國相比只有三分之二左右，從重視股息發放的投資人立場來看，韓國股市的確不具魅力（注：台股平均配息逐年成長，從2000年的15％開始，2018年一度來到61％）。

2020年韓國股市大幅上漲，終於擺脫了被困十年的箱型震盪。在2020年秋天KOSPI突破2,400點時，大部分證券公司預測KOSPI到年底將到達2,600點水準，但是2020年12月KOSPI就到達2,800點，2021年1月開啟了3,000點的時代，2019年KOSPI平均值為2,000點，新冠肺炎爆發後上漲了約50％。

很多人在如此猛烈的上漲趨勢下，對韓國股市的評價仍然比其他國家低，以2020年為基準，KOSPI200[9]指數的本益比為24.1，而美國、歐洲、日本等國家股價指數的本

益比平均足足有30.4。韓國股市被低估的最大原因就是配息率過低，對於全球投資人來說，殖利率和配息率是非常重要的投資指標。

💰 小心被稅金吃光股息

關於股息，有一點要注意的是「稅金」，所有收入都要扣掉稅金，在韓國股息需要扣掉約15.4％的稅金（所得稅14％加地方稅1.4％），美國平均徵收15％（0至30％）的所得稅，日本也徵收15％的稅金（注：台灣股息收入超過2萬需繳健保補充保費，股息收入則合併計入年度個人所得稅中，額外有8％的抵減稅額。如分離課稅則為28％）。

如果股息在一年內停留在100萬到500萬元的水準，要支付的稅金是15萬到75萬元左右，這個金額對一般投資人來說不算太大的負擔，但是若領取超過1億元股息的主力來說，情況則有所不同，稅率為15％的話，要支付的稅金就以千萬為單位往上跳。

　　再加上在韓國如果一年獲得2,000萬元以上的股息，適用的稅金就會有所不同，如果每年獲得1億元的股息，其中2,000萬元適用15.4％的稅率，徵收308萬元的稅金，但剩下的8,000萬元與其他所得要合算，最少繳納24％至45％的稅金（以2021年為基準）[10]。

　　正因為這高得嚇人的稅金制度，韓國的主力投資人比起股息，更偏好股東回報政策中的「買回庫藏股」和「註銷」，買回庫藏股是指企業以剩餘盈餘買回在市場上流通的股票，韓國企業會將這樣買回的股票，作為股票期權發放給職員，或拿來與事業夥伴的股份交換做彈性配置。因此在韓國，買回庫藏股與其被認為是利多因素或導致股價上漲，不如解釋為單純事業擴張，反而是職員為了賺取行情差價以訛傳訛，成為了利空因素。

　　但是美國企業買回庫藏股後，大部分都會「註銷」。在淨利（收益減去費用）中按一定比例支付股息後，最後在市場上買回庫藏股後註銷，如果企業註銷庫藏股，投資人持有的股票價值就會上升，股價上漲並不意味著立即增加稅金，而是在賣出時才會徵收稅金。從這個角度來看，

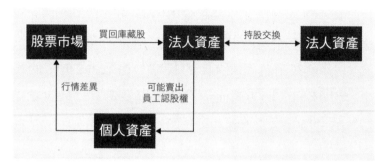

| 股票市場 | → 買回庫藏股 → | 法人資產 | ← 持股交換 → | 法人資產 |

行情差異　　可能賣出
　　　　　員工認股權

個人資產

韓國企業買回庫藏股過程

美國的主力投資人更喜歡購買和註銷庫藏股。

換句話說，在投資市場中買回和註銷庫藏股是很常見的行為，可以說是美國或華爾街投資人慾望下的產物，而這也是至少在過去十二年間（2008年雷曼兄弟事件後到2020年新冠肺炎危機前）美股持續上漲的動力。

💰 股東總報酬率，看出企業大方還是小氣

讓我們進一步了解，註銷庫藏股為何能對投資人產生直接利益。

假設總市值10兆元的企業發行了10億股的股票，每股價格是1萬元，該企業買回註銷2億股，占發行股份的20％，那麼企業發行的股票總數為8億股，企業的價值與註銷庫藏股前相同。

10億股×1萬元＝10兆元＝8億股×1.25萬元

企業價值不變，發行的股票數量減少，每股價值從1萬元上升到1.25萬元，在買回和註銷20％庫藏股的過程中，一股的價值自然而然地上升了25％。主力投資人比起股息更喜歡註銷庫藏股的原因就在這裡，股息在支付的同時會被認定是現金收益，因此會產生稅金，但股價上升在拋售股票實現收益之前，只被認為是資產。換言之，沒有持有稅的股票如果不賣出，就不會有稅金，特別是在大部分金融先進國家，長期投資時都有適用低稅率的制度。那麼就很容易理解主力投資人為什麼喜歡長期投資和註銷庫藏股了。

2010年代（準確地說是2010年到2017年）美國市場的配息率約為40％，但買回庫藏股的傾向卻高出很多，

約為55％，美國企業賺取的淨利95％沒有累積到公司，而是用於返還投資人或購買在市場上流通的公司股票，公司滿足了投資人，投資人可以期待大量的投資收益，因此可以說是一種雙贏策略。此種策略引導投資企業成長期的美國主力們，即使企業進入成熟期也不賣出股票，投資人們將透過持續增加的股息和註銷庫藏股等股東回報政策，最大限度地擴大長期投資效果，透過這種股東回報政策，投資人獲得的收益總和被稱為「股東總報酬率（total shareholder return, TSR）」。

💰 透過殖利率尋找低點

此時，大家應該很好奇我為什麼說參考最多的是殖利率、配息率，以及股東總報酬率，韓國市場在股息和買回及註銷庫藏股票方面非常吝嗇。

殖利率、配息率，以及股東總報酬率之所以重要，是因為這些指標可以找到股價的相對「低點」。追求低風險的散戶，若想要創造贏過大盤的報酬率，能否買在低點就

非常重要。我想每個人都知道，投資成長中的企業，只要投資三年到五年，就能獲得巨大的收益，只是真的能成功進行長期投資的人很少。首先，大部分新手投資人省吃儉用才有額外資金用來投資股票，在心態上很難長期持有單一標的或ETF，更遑論在股價下跌時加碼買進。此外，股票不是像存款或基金一樣捆綁在一起，而是本人可以立即買賣，因此如果看到帳戶後感到不安，很有可能導致做出焦急的選擇。投資人最終要想成功進行長期投資，重要的是透過高勝率的投資策略來體驗成功，第一步可能是「以殖利率為基準尋找低點和高點」。

尋找股價低點：LG

以LG集團的控股公司股份有限公司LG為例，我們來找找低點。在2015年至2017年LG每股發出1,300韓元的股息（以普通股為準），之後2018年2,000韓元，2019年2,200韓元，2020年2,700韓元……以這種方式逐漸增加了股息。

LG 股息			
除息日	股息	發放日	殖利率
2020/12/29	2742.47	2021/4/20	2.84%
2019/12/27	2200	2020/4/20	2.12%
2018/12/27	2000	2019/4/16	2.57%
2017/12/27	1300	2018/4/11	1.99%
2016/12/28	1300	2017/4/11	1.54%
2015/12/29	1300	2016/4/18	2.00%

LG 股息，資料來源：Investing.com

　　我會根據這些訊息，以全球投資人的角度來思考，據韓國交易所透露，追隨KOSPI指數的平均殖利率約為1.9％（以2021年7月為基準）此時LG這個個別企業的2021年預估股息為2,500至3,000韓元，預估股價可以如下計算。

$$2,500 韓元 \div 1.9\% = 131,579 韓元$$
$$3,000 韓元 \div 1.9\% = 157,895 韓元$$

　　但從2015年到2020年的歷次殖利率來看，高於1.9％，因此投資人們很有可能希望獲得大約2％至2.5％

左右的股息，LG這家大企業的成長性較低，因此比起急劇的股價上漲，更期待比市場平均更高的殖利率，如果以2%至2.5%殖利率重新計算，預估股價會是這樣的。

$$2{,}500 韓元 \div 2.5\% = 100{,}000 韓元$$
$$3{,}000 韓元 \div 2.0\% = 150{,}000 韓元$$

主力投資人很有可能想以發放股息的年底為基準，而每股10萬至15萬韓元是LG預期股價的合理價格區間，因此如果以合理偏低的價格買進，就可以繼續進行安心穩定的投資。這就是利用殖利率的投資策略。當然預估股價並非百分之百正確，匯率、利率、外交等話題可能會成為變數。

尋找股價低點：Danawa

LG不是靠生意賺錢的商業公司，而是從旗下關聯公司，如LG、LG化學、LGU+等收取品牌手續費、房地產租賃費等來提高銷售額的控股公司，因此很難預測淨利的

增加，也很難預測銷售產生的整體市場規模，以預估獲利和殖利率可能很難找到低點，所以這裡以代表性的上漲企業Danawa來舉例。

Danawa是一家以「比價」為優勢的電子商務公司，從電腦配件開始，範圍一直擴大到了家電產品、二手車等，消費者主要會用來查詢硬體產品的價格，隨著整個電子商務市場的擴大，Danawa每年實現了20％至30％的銷售增長，淨利也以年均37％的極快速度增長，再加上每年持續20％到25％的配息率的記錄，每股股息也以年平均41％的速度增長。

Danawa透過這種既有的事業增加淨利，同時保持一定的配息率，實行積極的股東回報政策，結果激勵Danawa的股價從2016年年底的1.3萬元（以股票分割後為基準），上漲到了2020年年底的3.1萬元，約上漲了140％。

在過去的五年間，Danawa賺了多少錢就增加多少股息，因此今後隨著淨利增加，股息也會增加。2021年Danawa的預估淨利約為335億韓元，這是比前一年增加

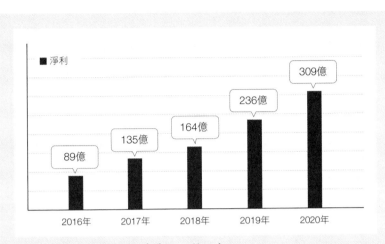

Danawa淨利變動趨勢（單位：韓元）

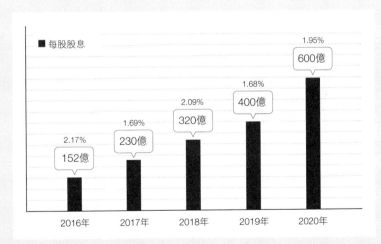

Danawa每股股息變動趨勢（單位：韓元）

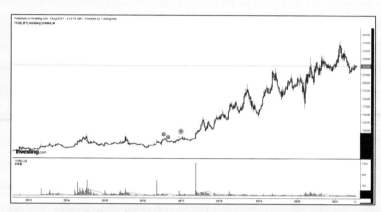

Danawa 股價趨勢出處：Investing.com

了10％左右的數值，如果（以2021年7月為基準）將該成長率適用於股息，預計2021年的股息約為650元，2022年預估淨利為392元，增加了20％左右，因此可以期待股息約為700元至750元，那麼適當的股價會是多少？2021年年底預估股息為650元，2022年底預估股息為700元至750元時，根據KOSPI的平均殖利率（1.9％）來計算Danawa的合理股價看看。

$$650元 ÷ 1.9\% = 34,211元$$
$$700元 ÷ 1.9\% = 36,842元$$

$$750元 \div 1.9\% = 39,474元$$

　　以2021年年底為基準，可以設定約3.4萬元的目標股價，以2022年年底為基準，可以期待約4萬元（最多），這樣說明目標股價的話，與現在股價相比，可以計算預估報酬率，並做出適當的投資判斷。

　　如果目前股價為3萬元，到2021年年底為止，預估每股盈餘為4,200元，以報酬率計算的話，數值為14％。2021年7月1日買進並持有到年底的話，可以期待14％的股價差價及約2.2％（以650元÷3萬元計算）的股息收益。

　　簡言之，投資期間為六個月，目標收益共計16.2％，如果把投資時間延長到2022年底，會產生什麼樣的變化？以同樣的原理，希望是33％的股價差價（預估股價以4萬元計算）及4.7％的股息收益（2021年2.2％＋2022年2.5％，以750元÷3萬元計算），那麼十八個月內可以37.7％的總收益為目標來進行投資。[11]

　　像這樣以企業的業績預測值和淨利預測值、歷年殖利

率、配息率等為依據，計算目標股價和期望報酬率的話，投資成功的可能性會更高，在此基礎上，再考慮時代潮流的產業前景，新冠肺炎下遠距服務增多時，或者疫苗普及後報復性消費增加時，思考一下哪些產業會共同成長，以這樣綜合「目標股價」和「期望報酬率」以及「產業展望」，制定買進／賣出優先戰略的話，要獲得比市場報酬率更高的獲利並不難。

尋找股價高點：雙龍煉油

最後一個例子是和現在剛好相反的情況，以股息為基準，可以找到股價下跌的起點，也就是股價高點。這是根據股息減少預估股價下降的時間，下面來看一下雙龍煉油的例子，雙龍煉油主要經營石油精煉和石油物流業務，因此企業業績只能被原油價格和精煉盈餘[12]所左右。

股息也是按業績比例分配，2012年雙龍煉油股息為中期股息450元，年末股息2,200元，年度股息2,650元，2013年只分配了450元和880元，2014年只分配150元的

中期股息，隨著國際油價下降，淨利減少對股息產生了
影響，從2015年開始，隨著股息再次增加，每年分配了
2,400元的股息，2016年分配了6,200元，2017年分配了
6,200元，在此期間雙龍煉油的股價走勢如圖所示。

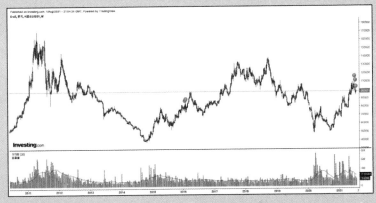

雙龍煉油股價走勢，出處：Investing.com

　　2021年新冠肺炎導致國際油價從每桶60美元跌至每
桶20美元（期貨市場還首次出現負油價的記錄），雙龍煉
油每年淨虧損近8,000億元，結果2014年連150元的股息
都無法分配，作為「高配息」的煉油企業，丟失了面子，
留下了年度股息0元的記錄。

這樣看企業的股息如何變化的話，就可以計算股價的低點和高點、目標獲利和預估報酬率。當然以股息為基準制定的此種投資策略也有不夠全面的地方，雖然這是將本金損失降至最小化的安全投資方法，但這很難期望得到最高報酬。

新冠肺炎以後，隨著遠距商務活動的活躍，Kakao和Naver等韓國網路巨頭企業實現了3％至500％的巨幅成長；在美國特斯拉得益於自動駕駛技術的發展、碳中和環保政策的擴大，以及轉虧為盈的話題性，有上漲近1000％的記錄。與這樣史詩級的成長力道相比，以股息為基礎，期待一年20％至30％左右的報酬，就有可能滿足不了你。

但這並沒錯，Naver、Kakao、特斯拉、Netflix等新創企業股息和股價的相互關係可能非常低，但是除了新創企業之外，大體上來說股息是非常有效的指標，特別如果是具規模經濟的跨國企業，發放股息規模將成為決定股價方向的核心要素，透過配息率、庫藏股註銷等指標，尋找股價的高點和低點的練習是重要根據。

　　另外在美國大部分企業都積極利用股息和庫藏股註銷來提高股價，美國企業執行長通常由投資人或董事會成員選出，股價上漲是獲得投資人信賴的最佳方法，為此努力是理所當然的，股東回報政策也是基於同樣的原因，根據企業能夠成長多少，以及如何開展股東回報政策，執行長的能力也能得到相對評價，因此如果對全球投資或美國投資感興趣，就必須理解企業發放股息的策略和股東回報政策。

15
股東權益報酬率（ROE）與資產報酬率（ROA）：企業的獲利能力

　　從股東權益報酬率（returnon equity, ROE）和資產報酬率（returnon assets, ROA）這兩個指標，我們可以看出企業的獲利能力，「股東權益報酬率」，計算公式如下。

$$股東權益報酬率（ROE）= \frac{稅後淨利}{股東權利} \times 100\%$$

　　說明企業用自有資本經營業務時，可以看出所投入的資本對比淨利的比例是多少，如果投入100億元的資本，獲得1億元的淨利，股東權益報酬率將達到1％，如果投入100億元的資本，獲得10億元的淨利，股東權益報酬率將達到10％。

　　這裡再舉簡單一點的例子，炒年糕店老闆在年糕、辣椒醬、其他材料等方面花費了10萬元，在電費、人事費、月租等方面花費了90萬元（投入100萬元），如果炒年糕的總銷售額為120萬元，那麼淨利為20萬元，股東權益報酬率為20％，相同的如果炒年糕的總銷售額是150萬元，那麼淨利是50萬元，股東權益報酬率是50％，比起留下20萬元的老闆，留下50萬元的老闆會更有效率地做生意，因此可以說股東權益報酬率愈高，就是獲利能力愈好的企業。

💰 分析股東權益報酬率時，要搭配三個指標

　　當然，股東權益報酬率高並非絕對就是零風險的企業，僅憑股東權益報酬率很難掌握事業會發展到什麼程度，這裡指的是成長潛力和市場擴張性。之前在炒年糕店的例子裡，投資股東權益報酬率高的店，投資人能拿回的報酬也會更多。但是進入門檻較低的炒年糕事業，難以保全自身專屬的固有技術，或者是將事業版圖擴展到全世界，因此在透過股東權益報酬率做投資判斷時，要同

時考慮銷售的成長潛力、獲利的成長幅度、企業的營業利益等。

看股東權益報酬率時，另一個需要注意的是用於股東權益報酬率計算的「自有資產」，意即公司的「淨資產」。換言之如果把去年賺到的淨利留在公司，那麼即使有和去年一樣的銷售額、一樣的淨利，淨資產也會增加，股東權益報酬率也會減少，最終如果持續追蹤股東權益報酬率，就能知道公司投資有多好、是否有效率地開展事業、在成長過程中是否維持效率等很多東西。

股東權益報酬率也是巴菲特最看重的投資指標。此外巴菲特表示投資時考慮的各種要素都與股東權益報酬率有關，最具代表性的為下列事項。

「應該成為有定價能力的企業。」
「庫存水位應該低，資產週轉率應該高。」
「經營應該以股東為中心。」

這些都是為了確認企業能夠獲利的關鍵，據悉巴菲特經營的波克夏公司，其投資的企業股東權益報酬率平均都

在15％以上，由此可知巴菲特也很看重股東權益報酬率這個指標。

在韓國國內持續維持15％以上股東權益報酬率的企業比想像來得多，LG生活健康、DB Hitech、Danawa、Echo Marketing等就是代表性的例子。這些企業的共同點是隨著每年業績的增加，淨利也隨之增加，在此過程中股東權益報酬率也保持較高的水準。這四家企業維持了一定的配息率，股價也呈上升趨勢，請參考下幾頁圖表。

股東權益報酬率也有很大的缺點，因為只標示自有資本的淨利比率，所以無法判別引發負債、大幅擴張事業的企業，舉上述提及的例子，四家企業的事業營運方針可以說是「無負債經營」，負債比率很低，這裡只用股東權益報酬率評估也沒有問題，但是也有失準的例子。

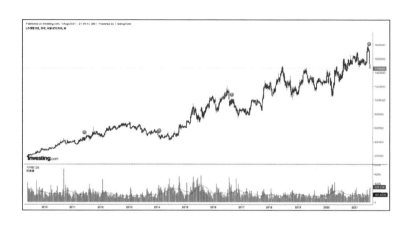

企業業績分析				
主要財務信息	最近年度業績			
	2018.12	2019.12	2020.12	2021.12 (E)
銷售額（億元）	67,475	75,854	78,445	84,450
營業利潤（億元）	10,393	11,764	12,209	13,312
本期淨利（億元）	6,923	7,882	8,131	9,046
營業利益率（％）	15.40	15.31	15.56	15.76
淨利率（％）	10.26	10.26	10.37	10.71
ROA（％）	20.98	20.32	17.92	17.46

LG生活健康的股價趨勢和企業業績分析，出處：Investing.com

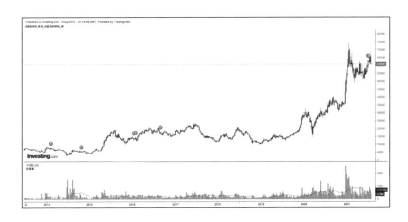

企業業績分析				
主要財務信息	最近年度業績			
	2018.12	2019.12	2020.12	2021.12 (E)
銷售額（億元）	6,993	8,074	9,359	10,826
營業利潤（億元）	1,130	1,813	2,393	3,079
本期淨利（億元）	868	1,046	1,660	2,270
營業利益率（％）	16.88	22.45	25.57	28.44
淨利率（％）	12.97	12.96	17.74	20.97
ROA（％）	17.12	17.39	23.07	26.52

DB Hitech 的股價趨勢和企業業績分析，出處：Investing.com

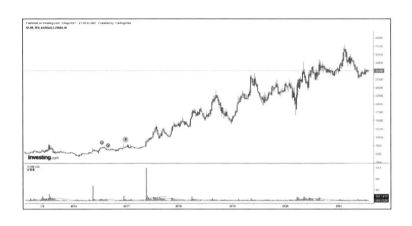

企業業績分析				
主要財務信息	最近年度業績			
	2018.12	2019.12	2020.12	2021.12 (E)
銷售額（億元）	1,214	1,713	2,320	2,317
營業利潤（億元）	202	284	378	409
本期淨利（億元）	164	236	309	335
營業利益率（％）	16.62	16.56	16.29	17.64
淨利率（％）	13.51	13.77	13.34	14.47
ROA（％）	19.68	23.63	25.11	22.40

Danawa 的股價趨勢和企業業積分析，出處：Investing.com

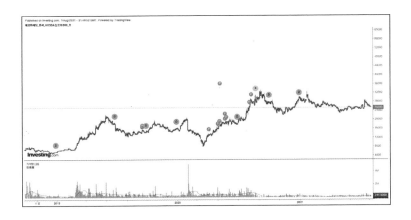

企業業績分析				
主要財務信息	最近年度業績			
	2018.12	2019.12	2020.12	2021.12 (E)
銷售額（億元）	621	1,114	1,770	2,491
營業利潤（億元）	169	378	589	596
本期淨利（億元）	160	334	548	517
營業利益率（％）	27.16	33.98	33.25	23.94
淨利率（％）	25.78	29.95	30.94	20.74
ROA（％）	19.46	32.65	42.16	30.69

EchoMarketing 的股價趨勢和企業業績分析，出處：Investing.com

例如，韓國第二大航空公司韓亞航空2017年的股東權益報酬率為24.72％，雖然非常高，但負債比率超過500％，最終因為難以撐過中美貿易紛爭、韓日貿易紛爭、新冠肺炎等危機，被韓國航空龍頭大韓航空收購。此外為了提高股東權益報酬率，也有支付比淨利更多的股息或買回庫藏股的情況，因此不能只看股東權益報酬率就做出投資判斷，要與本益比或配息率等指標一起分析。

也有一些指標彌補了股東權益報酬率的缺點，有些投資人為了掌握負債槓桿（leverage）的風險，利用資產報酬率（ROA）。在求股東權益報酬率的公式中將「自有資本」改為「總資產」，而該「總資產」包括負債。

$$資產報酬率（ROA）= \frac{當期淨利}{總資產} \times 100\%$$

💰 用資產報酬率揪出財報暗藏的陷阱

我們來看一下前面所提及的企業股東權益報酬率和資產報酬率吧？先看一下股東權益報酬率較高的這兩家企

業：LG生活健康2018年的股東權益報酬率為20.98％，資產報酬率為13.77％，2019年的股東權益報酬率為20.32％，資產報酬率為13.39％，2020年股東權益報酬率為17.92％，資產報酬率為12.23％，因為是負債比率維持較低的企業，所以股東權益報酬率和資產報酬率的差異並不大。DB Hitech的股東權益報酬率和資產報酬率分別為2018年17.12％和8.43％、2019年17.39％和9.71％、2020年23.07％和14.64％，兩個指標相似，方向性也比較一致。相反的，2017年的韓亞航空的股東權益報酬率為24.72％，但資產報酬率只有為3.11％，股東權益報酬率比資產報酬率高出八倍，而看出其存在的風險。

　　到目前為止，我們了解了各種投資指標，由此可見，不能單純地只看銷售額、營業利益、淨利等會計上的數字，與淨利相比，總市值達到什麼水準（本益比、預估本益比）；企業的現金創造能力（企業價值倍數）；將企業盈餘分配給投資人的比率（殖利率和配息率）；從股市買回和註銷多少庫藏股（股東總報酬率）；企業如何有效地利用資金（股東權益報酬率、資產報酬率），如果能透過

這些分析找到可投資之處，那麼就可以說是闖過股票投資的新手村了。

但是我再次強調，這些指標無法決定絕對報酬率，即使無法馬上賺到錢的企業，只要擁有重要的技術，總有一天會累積不可小覷的財富，韓國的賽特瑞恩、開發克流感的美國吉利德科學公司（Gilead Sciences）、新冠肺炎之後開發mRNA疫苗的莫德納（Moderna）等企業，這些都是很難只看財務指標來決定投資與否的企業。

當然，世界上沒有保證成功的公式，但投資指標分析是必需的，因為在不知道指標的情況下進行投資，這無異於在不具備四則運算知識的情況下挑戰微積分，我敢說只要熟悉指標原理後再做投資，至少你不會虧本。

在第三章中，我們來看一下長期參與股市就會碰到的幾種情況，對於相同的消息，有些人會評估為「利多」，有些人卻會評估為「利空」，下面我們就來了解一下為什麼會出現不一樣的分析，應該以什麼樣的標準來理解這些情況，才能更容易了解整體市場。

注釋

1 獲利，以高於買進的價格，看見利益賣出。

2 停損，以低於買進的價格，承受損失賣出。

3 隨著使用時間，將陳舊的設備，價值減少的部分，合算在帳簿上的損失或費用的程序，稱之為折舊，折舊金額或成本與該金額的比率稱為折舊費。

4 總市值雖然也是個別企業的股價總額，但在國家單位中也指一個國家股市的整體價值。

5 綠色新政（Green New Deal, GND），把以化石燃料為中心的能源政策轉換為新再生能源等的低碳經濟產業結構，並增加雇用和投資的政策。

6 買進持有（buy and hold），是買入股票後長期持有股份的投資策略。

7 淨零碳排（Net－zero），是最大限度地減少人類活動產生的溫室氣體排放，除去剩餘溫室氣體的吸收，使實際排放量化為零的概念。

8 共識（consensus），股市分析師預估值的平均。

9 KOSPI200，以韓國代表股票200個標的計算的股價指數。

10 台灣的股息所得會納入年度個人所得，與所得稅合併計算，若薪資加上股息收入導致納稅跨到下一個級距，就必須繳納更多稅

金，以下附上參考級距：5%，總收入（薪資＋股息）不超過新台幣94.8萬；12%，總收入（薪資＋股息）不超過新台幣161.8萬；20%，總收入（薪資＋股息）不超過新台幣282.8萬。

11 作為參考，Danawa確實是銷售額和淨利增加的企業，但隨著2021年Danawa被出售，今後股息傾向也可能會發生變化。收購Danawa的大股東是「Korea Center」，而這果然也吸引了私募基金（PEF）IMMPEF的投資，這裡需要留意的是，如果管理階層變更，企業的營運方針也可能會有所變化。

12 煉油企業透過進口原油進行精煉（去除物質中摻雜的雜質，使物質更加精純化）後，銷售生產的石油產品獲得收益。煉油企業的利潤可以從這些石油產品銷售收益中扣除原油進口費用、設備運營費，以及產品運輸費等費用，稱之為精煉盈餘。

第三章

消息面這麼亂，
如何判斷利空還是利多？

16
IPO 上市為什麼成為企業新歡？

　　新冠肺炎疫情後，很多投資人經常聽到「IPO」，即首次公開發行（Initial Public Offering）的縮寫，是指企業公開上市向股市邁出的第一步程序。如前述可以透過發行股票供投資人認購，用來募集可用於企業發展的資金，因為是股份公司，所以可以將公司的營運權分割成股票發行，收購股票的股東們可以擁有收購股份的一定權利，並在股東大會等會議上行使自身權利。

　　企業公開上市之前，一般只會邀請周圍熟人或是專業投資人入股來募集資金，但在企業達到一定規模後，為了募集資金，公開發行大量股票，向不特定的大多數投資人銷售企業股票的過程，這就是最近人氣高漲的IPO，透過

這種方式，企業可以募集大量的資金，早期股東也可以將企業成長前投資的股份，以現在IPO的價格出售給市場，進而賺取價差，以一般投資人的立場來看，這是投資正在成長中企業的絕佳機會。

💰 留意IPO價格

但是新冠肺炎之後，很多專家對企業的IPO價格表示懷疑。一般而言，股市是企業直接向公眾進行募資的公開市場，但是因為新冠肺炎疫情的緣故，全世界政府向銀行、企業、個人發放巨額的抒困資金與貸款，而且持續一年以上的時間，讓投資人的資金增加了，也讓更多投資新手進場。

政府為了援助因新冠肺炎所引發的經濟危機，投入巨額資金和增加投資需求，在新冠肺炎之前總市值為一、兩千億元的企業，在新冠肺炎之後，可能達五千億，甚至一兆元的總市值。新上市企業也以高發行價格而自豪，身價也愈來愈高。

　　更令人擔憂的是，隨著新上市企業的發行價格提高，因而即便是初期企業，股價高也變得理所當然。然而在新冠肺炎疫情穩定後，政府抒困政策結束，投資需求減少，估值過高的股價可能會大幅度下跌，實際上從2021年10月開始，隨著全球股市暴跌，此種憂慮的聲音就不絕於耳。

　　當然在新冠肺炎疫情之後的IPO的反彈也可以視為「利多」，當企業穩定成長時，可以在非公開市場獲得專業投資人資金，讓企業增加競爭力，進一步向股市公開發行，給予投資人更多選擇機會。而最具代表性的是2020年上市的海譜（HYBE，舊稱BigHit娛樂）和Kakao Games等企業已經在投資界被稱為精銳企業，還有2021年上半年上市的SK Bioscience、SK IE Technology、Sunjin Beauty Science、SEMCNS、LB Lusem等，就是投資人所熟知，具備競爭力的企業。

　　如果市場的投資需求較低，在非公開市場上的遊戲者主要以專業投資人為主，因此企業在非公開募資時，可能取得的資金會低於市場對企業的估值，但是最近隨著散戶

需求的增加，許多企業從私募紛紛投向上市的懷抱，因此股票公開發行就變得極為活躍。

　　像IPO這樣企業向一般人公開募股、募集投資金的過程，在市場投資需求增加的時期會密集地出現，部分投資人和經濟學家表示，IPO激增的時期是股價的高點，很多企業在市場過熱的時候準備IPO也是事實，過了熱潮以後，要投資新上市的股票就要特別小心。新冠肺炎疫情之後，市場上流傳著「IPO發大財」的公式，但謹記一定要分析新上市的價格是否合理，以及評估今後的成長性有多少後再進場。

17
現金增資：是利多還是利空？

接下來要了解的內容是現金增資。前面說企業可以透過IPO發行新股並募集投資金，但是在進行IPO後會出現需要再追加資金的狀況。在事業擴張的過程中，一定會不停地增設產線或併購有潛力的企業，那麼已經進行IPO的企業如何追加資金？不可能一需要錢的時候就反覆進行IPO，這種時候可以代替使用的機制就是「現金增資」。

如果說IPO是向非特定多數投資人公開發行股票，那麼現金增資則可以看作是向「特定」對象募集資金的程序。市場上最常見的是向第三方或原股東增資。

首先，現金增資是指向特定人發行新股票，並收取投資金，大部分是大股東或大股東的熟人，或是有特殊關係的集團，乃至於公司員工，這時發行的新股票大部分被賦

予一段時期的「義務持有期限」。此時，想跟著上車的投資人要依企業贈資與新進大股東的目的來判斷利空或利多。

💰 解讀新進大股東的行動

如果是因為企業經營存在問題，大股東使用貸款等方法來參與現金增資的話，等到公司營運正常時，很可能將認購的新股票賣給市場，因此將會成為潛在的利空因素；又或者「私募基金」等機構投資人在聽到企業困難的消息後出手撿便宜，接著在公司正常化、股價回穩時，將持股倒入市場套利，因此成為潛在利空因素的機率很高。在此種情況下，比起長期投資該企業股票，投資人更應該考慮現金增資參與者的賣出時間點，並選擇獲得短期價差的策略。

另外，也有以「收購企業」為目的，來成為新進大股東的投資人；還有有以借殼上市[1]為目的進行投資的情況；也有在目前大股東出售企業的過程中，相關企業為了擴大事業而進行投資的情況。總而言之，要留意新進投資

人投入大量資金，市場參與者可能將這個訊號視為利多，但其實很難說。

💰 現金增資對股東的影響

還有一種增資方式，是公司增發股票，讓原股東按一定比例優先認購。但是這種情況需要考慮的點很多，因此在決定買進或賣出時需慎重決定。

首先，新手投資人可能會對目前股價和現金增資發行的新股的價差感到困惑，一般在募集新的投資資金時，會以當前股價上再加一定的折扣來定新股價格，鼓勵投資人認購。舉例來說，如果現在的股價是每股5萬元，那麼現金增資價格可以定為現有股價折扣20%的4萬元，如果企業的前景一片看好，以每股5萬元購買股票的投資人，很有可能認購每股4萬元的新股，也有可能繼續長期投資。但是如果企業的未來成長性不明確，當前股價被高估的話，企業在發布現金增資的當天被拋售股票的可能性就很高，或者只持有到增資除權日為止。原股東可以用低於市

場價格20％的折扣價認購比現價優惠的新股，因此在發行新股的同時，也可以全部賣出賺價差。

最後，根據企業的情況和增資目的，市場對現金增資的解釋可能會有所不同，從這一點來看，是對一般散戶較不利的市場機制，以下提出幾個案例，探討現金增資是「利多」或「利空」。

實例1　L&F vs. 韓華解決方案

實際上，在2021年發表現金增資的企業中，雖然同樣以增設生產設施或併購為目的，股價表現卻截然不同。

L&F和韓華解決方案，兩家企業的總市值都超過兆，在全球都有客戶。L&F的股價因為發布擴增產線的消息而上漲，韓華解決方案則是在發布併購美國科技公司後，股價呈現下跌趨勢。

同樣是現金增資，這兩家企業之所以會發生差異，主要是因為市場對未來成長力有不同的評估。L&F是生產電

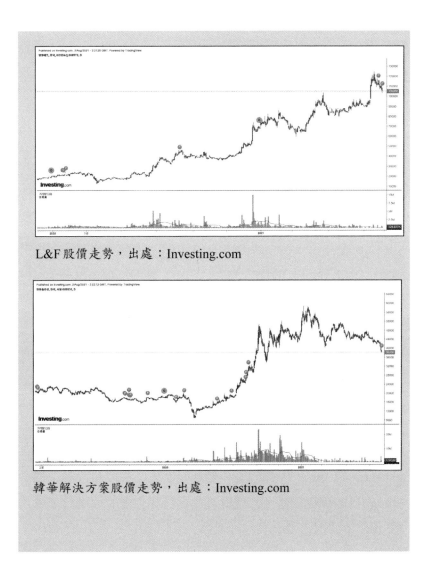

L&F 股價走勢，出處：Investing.com

韓華解決方案股價走勢，出處：Investing.com

動車核心零組件「鋰電池正極材料」的企業，並宣布為了因應電動車快速成長的需求而增設產線。L&F甚至在2020年後已經發布了三次現金增資，在每一次發布現金增資消息的期間，股價都出現爆發性上漲。顯示投資人對車用電池市場具有高期待。

相反地，韓華解決方案表示將收購從美國NASA內部創業後獨立的造氫罐製造企業，這也是為了未來前景而做出的收購決定，但是投資人普遍認為氫氣基礎設施還不到普及階段，再加上該公司現有太陽能事業的業績惡化、股息減少等不利因素，最終導致股價下跌。

像這樣，即使具有相似目的的現金增資，根據市場參與者的解釋，有可能成為利多因素，也有可能成為利空因素。以這一點來看很難就消息判斷應該如何做出反應。不過還是可以先布局一些部位，再來做初步判讀，在出現現金增資消息時，最重要的是，比對最初買進時的想法。如果預估的業績或成長性，因現金增資而變化，那麼就要看這是比一開始判斷的更有利還是不利，再決定是否加碼投資。

實際上L&F在決定增資後，很多專家表示，業務發展有望比預想成長更快。但是很多人認為韓華解決方案的收購行為雖然是進軍新事業，但成長很難立即反映在業績上，這類分析也會反映在股價上。

實例2 GS建設

以原股東依比例認購新股做現金增資時，也存在讓一般投資人驚慌的利空因素，現有的大股東和小股東都按照自己持有的股份比投入新資金，不同意這一點的小股東可以選擇不參與，或在增資開始前拋售持股就可以了，但是有重要決策權的大股東不參與現金增資就會是個問題，然而大股東無法100％參與（或不參與）現金增資的情況比想像的要多。

2021年2月GS建設的子公司XiS&D進行了1,100億元規模的現金增資，約占發行股份數的45％，以1,200萬股作為新股發行。在現金增資之前，XiS&D的大股東GS建設持有的股份約為61％，按照計算，GS建設需要投資

1,100億元的61％，即670億元，但實際投資金額僅292億元，還不到670億元的一半。大股東沒有認購的378億元被歸類為失權股（因未支付新股收購金而失去現金增資參與權利的股票），由其他投資人認購來做填補。當然投資人們對GS建設的這種決定感到驚慌，實際上進行現金增資的2021年5月還發生了超過10％的下跌。

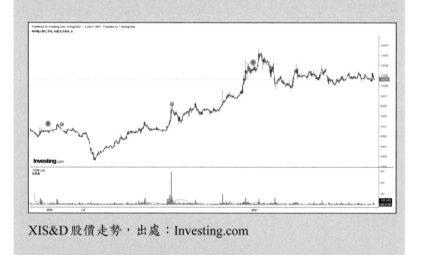

XIS&D股價走勢，出處：Investing.com

　　因為大股東並不意味著有無限資金，所以不可能100％參與增資。但是決定現金增資的也是大股東，如果

沒有不可避免的情況，大股東的部分參與或未參與只會對投資人的預期造成負面影響，這種狀況在還沒有營業收入的企業中尤其常見。

　　一般企業透過IPO募集的資金用盡時，透過現金增資籌集更多資金的情況很常見。在資金快用完的時候進行現金增資，很容易成為利空因素，導致股價暴跌，因為大股東很難按照自己的股份比例參與。事實上如果錢夠多，就不會在還沒有營收的情況下進行增資，這種情況經常出現在散戶關注的新藥開發等生技企業中。

　　從上市5年至10年的企業的股東組成結構來看，經常會發現大股東持股不到20％的情況。大股東在IPO初期雖然擁有超過50％的股份，但在多次現金增資過程中，難以再投入追加資金，因此發生了「股份稀釋」的情況，經營權也會變得不穩定，所以投資前一定要確認企業的財務狀況和大股東的持股比例。

　　結論是，現金增資是企業在擴展事業過程中募集新資金的行為，散戶要分析企業增資的目的和增資前後企業的

變化，來應對市場反應。特別是現金增資，要了解增資的目的與用途，可能的目的有「設施資金」、「營業轉讓資金」、「經營資金」、「還債資金」、「其他法人證券收購資金」、「其他資金」……等等，如此才可以判斷利多利空的可能性。另外，發行價格和發行價計算標準也詳細列出來，僅看公開資料就能掌握基本的增資性質。

當然以結果來看，利多還是利空是由市場參與者的解釋來決定，因此要充分搜索資料，同時自己還要擁有能夠區分利多和利空的慧眼，這一點非常重要。

18
可轉換公司債券（CB）的六個重要提醒

　　可轉換公司債券（convertible bond, CB，以下簡稱「可轉債」），是指公司為籌集資金而發行的公司債券，但一定期間後，根據持有者的請求可以轉換為股票的債券。這是將大規模投資金和公司未來股票交換，是成為「潛在利空因素」的條件之一。

　　從企業的立場來看，可轉債能輕鬆快速地籌集資金，從投資人的立場來看，可以瞄準股價差價，因此可以看作是具有魅力的投資商品。然而，可轉債很可能成為「不良資產」。從投資人的觀點來看，關於可轉債應該考慮下述幾點。

　　首先和現金增資一樣，要從企業的立場來看，先觀察

發行可轉債的目的，先確認設施、轉讓、經營、債務，究竟是其他法人證券收購等企業經營或擴張所需的，還是以還債為目的募集投資資金。其次，必須確認利率、發行對象、股票總數對比比率、轉換期間、轉換價格、稀釋每股盈餘，對此我們來逐一了解。

💰 一、利率

第一個是利率。可轉債的優點是，如果公司股價高於轉換價格，可以換成股票，賺取行情差價，如果股價低於轉換價格，可以不換成新股，拿取利息和本金，因為可以同時瞄準利息和股價差價，所以很有吸引力，只要公司不倒閉，就會有收益。從這個角度來看，利率是可轉債投資人能夠得到最低利潤的保障，最低利率可以視為投資本金的最低報酬率。

可轉債的利率有時雖然是0％或低於市場利率，但需求可能突然爆發，出現這種情況多半可以解釋為，投資人對該企業成長的期待暴增，這種時候就可以把可轉債換成

股票。

💰 二、發行對象

第二個要考慮的因素是發行對象。可轉債大部分由金融機構、大股東和大股東的特殊關係人持有。特別是企業財務出現問題，獲利能力下降時，不得不「利用」可轉債。一般的情況是，金融機構或大股東、大股東的特殊關係人在企業股價低時持有可轉債，舒適地收取利息，之後如果因題材熱燒或業績改善讓股價上漲時，就實行轉換權，大量拋售到市場上。

因此當企業開始發行可轉債，建議視為潛在利空因素。投資前查看一下財務報表，一定要確認該企業的可轉債數量還剩下多少，可轉換價格是多少，可轉換申請期限是什麼時候，才能控管投資的風險。

💰 三、股票總發行比率

第三個是股票總數的比率。可轉債最終是公司發行的債券（公司債券）借入資金，之後償還時，（債權人）在現金或股票中選擇一個進行償還。那麼潛在流入股票的量有多少就很重要。

舉例來說，假設發行100萬股股票的企業有7萬股的可轉債數量，這可能會對股價造成很大的利空影響，為什麼？因為一般會認為大股東持有的股票是不輕易交易的股票，意即流動性低的量。在韓國市場，大股東的持股率平均為33％左右，因此除此之外約70％左右的股票是可流通的數量，100萬股中有70萬股是可流通的量，如果再增加7萬股，就等於增加了流通量的10％。

相反的，如果發行1億股股票的企業，有7萬股的可轉債數量，那麼可流通量為7,000萬股的千分之一，因此只有約0.1％的新股票上市。這是連每日交易量都達不到的量，可以不用太在意，再加上可轉債的數量不是一次全部轉換為股票，而是債權人可以分批提出轉換請求。

結論是與市場流通量相比，發行的新股量會對投資決定產生影響，因此必須要掌握其最大值。

💰 四、轉換期間

第四點最重要的是轉換期間。可轉債大部分在1年後請求轉換。因此企業在發行可轉債的當年度並不會對股價產生太大影響，重要的是可以轉股的「期限」。

有必要區分該可轉債是短期債券還是長期債券或是永久債券。不過維持企業長期經營的，還長期或永久債。

最具代表性的是像HMM集團一樣處於破產危機的企業，韓國產業銀行等以救濟為目的的金融援助過程中，可能會以永久債券方式來發行，要知道這些可轉債是為了穩定公司正常化、回收本金、收購金額調整而發行的。投資帶有此種目的的可轉債的主體以及根據其發行目的，推測該可轉債大約何時會在市場上流通，那麼你就可以找到新的投資想法。

💰 五、留意轉換價格

　　第五個重要確認事項是轉換價格。從散戶投資中小上市公司而遭受巨大損失的情況來看，可轉債的轉換價格和最低調整價格往往就是原因。

　　轉換價格是以發行可轉債時的股價為基準，提前決定轉換為股票的價格，轉換價格通常與做投資時的股價看起來沒多大差異，因此在既有的投資人看來，很多情況下是在合理的水準上訂定的。只是「最低調整價」經常成為問題。股票是根據企業業績、企業發展、景氣等因素，價格每天最多漲跌可達30％的高風險投資產品（注：台股為10％），因此從投資人的立場來看，就需要安全裝置，在合約中規定「保障投資人本金」，就是最低調整價，這是指轉換為股票的最低價格。

　　假設目前股價為6,000元，轉換價格為5,000元，如果最低調整價格為4,000元的話，那就不會是大問題。但是偶爾會有最低調整價被設定為「面額」，標記為500元、1,000元的可轉債。在這種情況下，目前股價從6,000元暴跌到

1,000元，從可轉債發行者的立場來看，也沒有什麼損失。

如果只支付500元或1,000元就換成股票賣出，在暴跌市場上也可能獲利。此外，最低調整價格也會成為人為的股價調整手段，大股東或大股東的特殊關係人投資了可轉債，目前股價為6,000元，大股東或大股東特殊關係人的持股率為20％，而且可轉債投資了總股票發行數的2％左右。這時如果股價暴跌到1,000元，以最低調整價格轉換為可轉債的話，可以便宜地追加近9％的股份。像這樣根據大股東的意圖，股價就可能會下跌。

總市值＝1,000股×6,000元＝600萬元

可轉換公司債券投資金額＝1,000股×2％＝20股×5,000元＝10萬元

適用最低調整價格時，新股發行量＝
10萬元÷1,000元＝100股

最低調整價格標準債權人股份＝
$$\frac{100股}{1,000股＋100股} = 0.0909 ＝ 9.09\%$$

也就是說，設定最低調整價格過低的可轉債的投資人，只要該企業的股票不停止上市的話，就可以無條件獲得收益。相反的，一般投資人是以相對不受保護的條件簽約，因此需要養成確認最低調整價和轉換價，還有現在股價乖離率的習慣。

💰 六、稀釋每股盈餘

最後必須確認的事項是稀釋每股盈餘。稀釋每股盈餘是指考慮具有稀釋股價的潛在股票（普通股）的影響，來計算利潤。也就是說根據發行潛在股票的總股數，計算將被配額的利潤，而不是目前發行股票數量的利潤。這個概念不僅適用於可轉債，附認股權公司債券等可轉換股票的大部分債券都屬之。計算稀釋每股盈餘相當複雜，不過幸好財務報表中計算出的數值很容易搜尋到。

舉個例子，根據HMM集團2021年第一季度業務報告所附的合併財務報表，可以確認銷售額和營業利益、當期淨利一起標註了基本股損益（以目前發行的股票數量為

準）、稀釋股損益（假設可轉債及期權數量均為股票發行的標準）。

HMM集團在企業再生的過程中，從產業銀行得到了大規模投資，相關投資是透過發行可轉債進行的，因為還沒有轉換為股票，所以帳面上可以認定為公司債券，但是實際上如果轉換請求實現，可以發行超過流通量100％的新股（流通股份數4億股，可轉債未償還股份數5億股）。

項目	第46期第一季 2021.1.1~2021.3.31	第45期 2020.1.1~2020.12.31	第44期 2019.1.1~2019.12.31
銷售額	2,428,039	6,413,270	5,513,089
銷售成本	1,329,289	5,128,828	5,517,219
銷售總收益（損失）	1,098,750	1,284,442	-4,130
銷售費用和管理費	79,461	303,661	295,564
營業利潤（損失）	1,019,289	980,781	-299,694
本期淨利潤（損失）	154,060	123,966	-589,335
控股企業業主持股	154,072	123,889	-589,927
非控股股份	(12)	77	90
基本每股損益 （單位：韓元）	391	103	-2,063
稀釋每股損益 （單位：韓元）	147	72	-2,063
合併中包含的	40家	42家	44家

HMM合併財務報表，資料來源：電子公告系統（單位：百萬元）

因此會出現稀釋股每股盈餘，不到基本股每股盈餘的一半。在股市上可以用多種方式來追加發行股票。最終對於隱藏的股票，比別人提前一步學習會對報酬率產生直接影響，可以就找到這種隱藏股票的「稀釋股損益」，這可以成為取得好成績的捷徑。

　　在股市中長期生存的方法就是逐一消除股價下跌的可能性，尋找具有長期投資價值的企業，而在尋找具有長期投資價值的企業時，可以考慮以下問題。

　　「企業能否以自身利益擴張業務？」
　　「企業是否有效地經營事業（或產生銷售額和獲利）？」
　　「今後的成長性高嗎？」

　　對於可轉債的確認，也可以說是確認第二個問題的過程。當然在事業擴張過程中，如果發行可轉債，企業可以獲得快速成長，投資人可以獲得較大股價的差價，但是如果對可轉債沒有正確的解釋，投資過程中可能會發生巨大損失。即使上述分析有點複雜，也請一定要留意這些指標。

19
盈餘轉增資和股票分割是真利多？

目前為止我們了解了 IPO、現金增資、可轉債……等等，都是企業為了募集更多資金會使用的方法。而我們現在要介紹的「盈餘轉增資」並非要吸引投資金。隨著 2020 年新冠疫情爆發後，這類盈餘轉增資的企業股價大幅上漲的案例增加，「盈餘轉增資是暴漲信號」的謠言正在擴散，但這是真的嗎？讓我們來了解企業為何需要盈餘轉增資？

💰 盈餘轉增資消息，有機會短期上漲

基本上盈餘轉增資對於投資人來說就是「獎金」的概念。這意味著將公司已經賺取的收益轉換為「資本」的過

程中，向原股東配發一定比例的股票（即股票股利）。總市值沒有變化，也沒有從外部引進新的投資金，可以理解為公司所累積的現金屬性發生了變化。舉例來說，這和把我的薪資帳戶中的1億元現金，轉移到「儲蓄存款」帳戶上的概念相似。

但很多人會解釋為在此過程中流通股票數量增加，隨著流通股數，交易量也增加，股價會上漲。股市經常是一種心理遊戲，往往大家都認為是利多的消息就是利多。所以，偶爾也會有人特別鎖定因盈餘轉增資而股價上漲的標的，但是要注意企業本身價值並不會因盈餘轉增資而產生變化，要認清股價會「回到原點的可能性很高」，這樣才能避免巨大損失。

💰 股票分割對投資人大不利？

「股票分割」也是類似盈餘轉增資的情況。美國經常進行股票分割，以結果來看，總發行股票數量會增加，可以找到和盈餘轉增資的共同點。但差異在於增加股票數量

的目的不同。盈餘轉增資是為了公司現金流動而增加股票數量，股票分割是為了在企業股價過高導致交易放緩時，增加交易量而分割股票。雖然兩者在總市值沒有變化的情況下，股票數量似乎都在增加，但發出消息之前和之後，交易量上會有差異。

以韓國代表性企業三星為例。進入2000年代後，三星將家電產品事業、半導體和智慧型手機擴展到了全世界。與此同時，2000年代初三星每股才20、30萬元，但到了2017年年底已經飆升至每股300萬元，成為一般人望之卻步的昂貴股票，2017年勞工平均年薪在3,500萬韓元以下，每股300萬元的股票用一個月薪水都買不到，交易量自然而然地開始減少，最終三星決定將一股股票分割為50股，而從那以後到現在，三星獲得了全國人民可輕鬆買賣的「國民股」的稱呼。

其實在韓國股票分割的例子並不多見，而美國和韓國不同，幾乎所有企業都實施過一次以上的分割，是常見的制度。仔細觀察原因的話，首先在韓國很難找到長時間在事業上成功，股價持續上漲的企業，再者美國企業分割股

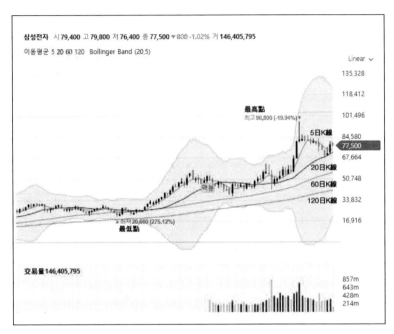

삼성전자　시 79,400　고 79,800　저 76,400　종 77,500 ▼800 -1.02%　거 146,405,795

이동평균 5 20 60 120　Bollinger Band (20,5)

Linear ∨

135,328

118,412

101,496

最高點
최고 96,800 (-19.94%)▼

5日K線

84,580

77,500

67,664

20日K線

50,748

60日K線

33,832

120日K線

16,916

▲ 최저 20,660 (275.12%)
最低點

交易量 146,405,795

857m

643m

428m

214m

三星股價走勢,出處:NAVER 金融

票是另有目的的。

　　美國企業在事業進行順利之際,會利用部分盈餘購買市場上的股票後,持續註銷[2],稱為「買回庫藏股」。前面有稍微提及這個部分,假設總發行股票數為10億股的企業,每年購買1億股庫藏股並註銷,以持續5年的時間來

算，總發行股票數量將減少到5億股，如果5年內企業價值相同，最終每股股價將上漲2倍。

$$10億股 \times 10萬元（股價）= 100兆元$$
$$= 5億股 \times 20萬元（股價）$$

如果之後4年內再買入1億股的話，那麼總發行股份數就會減少至1億股。時隔9年，總發行股票數的90％透過買回庫藏股被註銷。結果10年內每股價值將上漲10倍。（假設公司總市值保持不變，這樣10年前購買該股票的投資人將經歷10倍的資產價值上升，而且不用交稅，但是不能無限反覆購買和註銷庫藏股。在剛剛舉的例子的情況下，如果再用買回庫藏股的方式買進剩下的1億股的話，市場上流通的股票將全部消失，為了避免這種矛盾的情況出現，所以選擇股票分割。

最近還有很多美國企業實行了大規模的股票分割，2020年Apple、特斯拉，或2021年NVIDIA這樣知名的大企業也選擇了股份分割。特別是Apple，從1987年2比1分割開始，2000年2比1、2005年2比1、2014年7比1、2020年

4比1分割，如果只是單純計算，1987年收購Apple一股的投資人，僅透過股票分割就持有224股，而Apple的股價從1987年每股70美元的水準到2021年達到140美元，相乘之下幾乎可視為享受448倍的股價上漲。

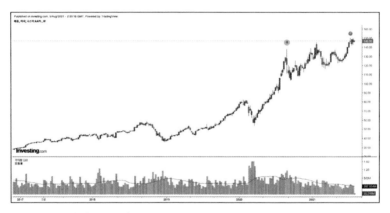

Apple股價走勢，出處：Investing.com

　　最終，盈餘轉增資以「短期內股價上漲」為目的，是「給你獎金」的概念，股票分割是「價格太貴，多分成幾個」的概念。我認為透過這種方式，了解兩個差異，可以在短期和長期投資戰略中獲得更明確的投資策略。

　　這裡作為參考，兩種狀況在分割之前股價都上漲，實際上股票數量增加的話，很多情況下會在一段時間內呈現弱勢，所以這種情況也適用於短期買賣策略。實際上，在2020年Apple和特斯拉決定分割股票時，兩家企業的股價在股票分割日期之前短期上漲了20％到30％左右，之後立即恢復到股票分割發表前的股價，從這種趨勢可以看出，無論是韓國還是美國，追求短期差價的投資人無所不在。

　　韓國市場和美國市場的最大差異在於如何很好地執行股東回報政策。韓國經歷亞洲金融風暴後，全國百姓和企業都受到重創，因此為了「安全經營」，有將現金資產累積在公司的傾向，再加上主要由家族經營企業的韓國，與雇用專業經理人運營公司的美國在制度上有所差異，也打造出不同的企業文化。

　　在新冠肺炎之後，韓國宣布加強股東回報政策的企業愈來愈多，從這個角度來看，我認為今後在韓國股市中，比起盈餘轉增資的短期消息，股票分割這一個利於長期的消息將會增加。投資企業時，不僅要觀察韓國市場，還要

觀察美國市場或中國、歐洲、日本、台灣、越南等市場，
觀察國內市場是否跟著全球的平均水準，在這裡也能找到
好的投資想法。

20
虧損減資和下市：留意兩個警訊避免血本無歸

很多新手投資人會誤判虧損減資的殺傷力，以近期的事例來說，2020 年韓亞航空因虧損減資而鬧得沸沸揚揚，我們就來詳細了解一下。

💰 虧損減資，對投資人傷害最大

「虧損減資」就是減少股本。是指公司為了改善財務、提升每股淨值，直接註銷部分發行在外的股票。虧損減資不會返還現金，但會調高股價，以符合企業減資前的總市值。對原投資人來說，就是持股數量減少，儘管股票價值不變，仍有可能成為利空因素，因為如果是正常運營

的公司，本來就沒有必要用減資的方式彌補虧損，因此我們可以合理懷疑該公司陷入經營危機，股價有高機率跌入深淵。大部分處於極端情況的企業為了避免「破產」，可能決定實施虧損減資。2008年全球金融危機爆發後，建築、造船、航運業界曾實施過很多次，如果要說還算得上幸運的話，我們可以一定程度上地嗅出虧損減資。

藉由企業財報三表中的現金流量表和損益表，了解企業某段期間的現金流動和獲利情況，這些報表可以幫助你確認公司營運是否健康。

當公司需要資金時，可以採用的方式有很多，像是前面提過的可轉債或現金增資……等等。但是如果這些方式都得不到投資人響應，反而會成為壓跨股價的最後一根稻草，例如在可轉債的增資模式中，企業如果選擇支付過分高於行情的利息，或者用低於市價很多的轉換價格發行債券，反而會讓市場看衰企業前景，進而引發公司股價下跌。因為很少有人想投資市場不看好的企業，所以即使發行公司債券，也可能會被分類為不良債券，要承擔巨大的利息負擔，因此還不如選擇虧損減資這一利空因素，美化

每股淨值。（注：在台灣，若持續虧損的公司每股淨值低於新台幣10元，就會被取消信用交易，低於5元的公司，股票必須全額交割，不適用一般交易的T＋2日）。

💰 下市，股票成壁紙

虧損減資雖是為了讓公司擺脫負面影響，為求正常營運下去最後才會使用的做法，也是為了阻止下市的最後一招。那麼最糟糕的結局「下市」，究竟會在什麼情況下發生？

上市公司要正常經營企業活動，才能維持在公開市場上市。在這裡企業活動是指具商業道德且合法透明的經營，上市公司因為將公司股權（權利）出售給一般大眾來接受投資，有義務公告企業的重要決策，因為用很多投資人的錢來經營企業，所以如果違背了上市公司的義務，可以說是背棄投資人。不提交事業報告書、財報造假、無法繼續經營事業導致破產、或者企業價值不足50億韓元等，這些情況下將被下市（注：台灣上市公司若難以繼續

經營、每股淨值低於 3 元，三年內無法改善，也會強制下市）。

雖然下市的原因百百款，但大部分原因最終都是「難以挽回事業或投資價值受損」，所以在下市前，企業多半就會有很多負面消息了。以前散戶很難提前知道這些內部資訊，但最近隨著 YouTube 等傳播管道的多樣化，可以很容易確認該企業是否正常，因此不要只看短期股價差價進行投資，請確認企業是否正常經營事業、營業銷售是否正常、是否有虧損減資或暫停交割……等等，這些可能會發生利空行情的狀況後再決定投資。

股市是資金的戰場，坊間流傳在戰場上致勝的方法很多，但對新手投資人來說，很難亦步亦趨。要學習的是哪些投資方法適合自己，該採取的就採取，該放棄的就放棄，努力以打造出屬於自己投資哲學。接下來在第四章的部分，希望與大家分享投資時的正確心態，在混亂的市場中，穩健地前進，創造自己的長獲利策略。

注釋

1　非上市企業透過與上市企業的併購進入公司證券市場。

2　註銷庫藏股，是指企業買入自己公司的股票後註銷，這是透過減少發行股票數量，提高每股價值，將利潤返還給股東的方法。

七個投資原則，
助你打造專屬長獲利攻略

21
買在傳聞，賣在新聞

　　在決定買進、賣出時機時，最常想到的名言應該是「買在傳聞，賣在新聞」，我們來拆解這句話的意思吧！「買在傳聞」這句話意味在發現「有上漲可能性」的時候買，「賣在新聞」的意思是指在「可能性實現或公開」的時候賣。舉例來說，A企業正在進行臨床試驗，臨床結果出來時，股價大幅上漲的情況很常見。而這並不是因為預測臨床試驗的成功，股價才上漲的，而是因為臨床試驗結果即將出來的傳聞，使股價提前上漲。此後臨床試驗結果如實公布，無論成功與否，股價都會下跌。因為臨床試驗不能直接連結到業績，所以新聞一出來投資人就會拋售。

　　增設工廠或增加股利、合併、盈利驚喜[1]等諸多利多消息也是如此。如果股價在發表這種利多消息之前已經上

漲，大部分股價在發表結果的同時，以差價實現為由會下跌，而參與股市時，最需要注意的部分就是這個。

這種習慣是透過「消息來源」和「線圖」，來確認有多少人知道我所知道的訊息。通常在高點買進的失誤，大多是因為沒有確認長期線圖而發生的失誤，不知道價格已經很高了，所以被套牢。在每分鐘都在進行報酬率遊戲的股市中，確認企業優良與否很重要，區分價格高低也是。

三星的實例

很多散戶在2020年12月看到當時三星的「暴漲進攻」後開始買進。「特別股息的支付」、「業績期待感」、「代表韓國的企業」、「世界第二大代工[2]企業」等說法，顯示出三星股價上漲值得期待，但是無論多麼好的企業，如果在我的帳戶上造成損失，只會成為讓人操心的最糟企業。

從2020年9月開始，三星出現了很多「將支付特別股息」的報告。據分析隨著故李健熙會長的訃告，三星在2017年發表的三年股東回報政策也畫下句點，因此從

2020年開始將支付比以前更多的股息，但是股價不是從9月份，而是從11月份開始上漲。即便是三星，僅靠利多因素來拉動股價也非常困難，因為是總市值高達400兆韓元左右的企業，若沒有外資收購，事實上也很難上漲。只因為有外資喜歡股息的相關傳聞，所以一些散戶表現高度興趣，實際買進的情況也很多。我們來看一下散戶的投資趨勢。

三星股價走勢，出處：Investing.com

在線圖中間「↓箭號」所指的點，的部分是特別股息當時的股價，由此可見價格在8萬元出頭，此後隨著散戶的持續收購，大幅推升到9萬元中段。但是如果在特別股

息「傳聞」傳開的9月份左右買進，並在實際「新聞」出來的12月底賣出，約三個月就能獲得超過30％的收益。確認新聞後，以8萬元收購的散戶高喊「突破10萬元大關」，結果9開頭只有一天。就算停利，報酬率也低得不能再低。

但是從這裡看外資的收購、拋售動向，情況就會有所不同。從傳聞傳開的9月底開始，外資持續收購（擴大比重）三星。但是到了2021年，平均每天開始賣出近500萬股。只要持有到2020年12月28日，就會支付股息，因此除息後約2週內拋售了超過4兆韓元的金額。相反的，此時買進的投資人們，很有可能在2021年8月沒有得到正常的行情差價，因而中途拋售，或看著近八個月沒有移動的鬱悶股價，埋怨三星，結果隨著9月傳出三星要「計劃支付特別股息」，然後就有「擴大分股息，最近一週股價上漲了10％以上」的新聞。聽到傳聞的人在新聞出來之前買進股票，在新聞出來後賣出，實現利潤，賺錢的人賺完錢出去後，散戶才開始進場，最後成了被收割的韭菜。

時間	股價	漲跌	漲跌幅	外資持股	外資淨買賣量
2021.01.15	88,000	▼ 1,700	-1.90%	33,431,809	-5,006,115
2021.01.14	89,700	0	0.00%	26,393,970	-5,859,292
2021.01.13	89,700	▼ 900	-0.99%	36,068,848	-1,794,818
2021.01.12	90,600	▼ 400	-0.44%	48,682,416	-5,885,518
2021.01.11	91,000	▲ 2,200	+2.48%	90,306,177	-13,590,286
2021.01.08	88,800	▲ 5,900	+7.12%	59,013,307	-5,082,378
2021.01.07	82,900	▲ 700	+0.85%	32,644,642	+2,989,615
2021.01.06	82,200	▼ 1,700	-2.03%	42,089,013	-5,326,921
2021.01.05	83,900	▲ 900	+1.08%	35,335,669	-2,477,973
2021.01.04	83,000	▲ 2,000	+2.47%	38,655,276	-3,986,032
2020.12.30	81,000	▲ 2,700	+3.45%	29,417,421	+1,204,866
2020.12.29	78,300	▼ 400	-0.51%	30,339,449	-6,166,523
2020.12.28	78,700	▲ 900	+1.16%	40,085,044	+2,397,653
2020.12.24	77,800	▲ 3,900	+5.28%	32,502,870	+3,706,372
2020.12.23	73,900	▲ 1,600	+2.21%	19,411,326	+1,824,496

三星的外資收購動向，出處：Naver 金融

💰 精準判斷來自長期關注

要想提高投資收益，需要有能力判斷自己知道的訊

息，對一般大眾揭露到什麼程度。而要想培養這種能力，就要閱讀證券公司發行的趨勢預測報告，或不斷觀察相關技術的發展速度、經濟趨勢、政府政策等，還有與決定投資的企業一切相關的情報。這種時候很多投資人開始覺得投資很困難，甚至出現乾脆什麼都不要看，不要管報酬率反而比較好的鴕鳥心態。「聽說有人只分析線圖，就成為了百億富翁」，「聽說也有每天獲得1％收益的方法」甚至有人說「只要按照某個網站上的指示去做，就能獲得十倍的收益」，結果自己怎麼投資怎麼挫敗，真的會令人很沮喪。

結論

就像學習沒有王道，商場上也一樣，股票沒有固定的公式。雖然說「買在傳聞，賣在新聞」，不過也有完全相反的例子，新聞出來後上漲的情況也很多。最終關鍵是有能力區分「這個傳聞是真的嗎？」，和「這個傳聞已經反映在股價上了嗎？」，希望大家記住，培養各種資訊的獲取手段和分析能力，會影響你的報酬率。

22
買在膝蓋，賣在肩膀

　　「買在膝蓋，賣在肩膀」應該聽說過這樣的話。必須適當地買，適當地賣，才能維持獲利，穩固心態。但是要想發現股價的膝蓋和肩膀，股價一定要有穩定的漲跌趨勢。在韓國國內股票中，股價比較穩定的企業是三星、SK海力士、現代汽車、LG化學等這些規模比較大的企業，相反的2021年初被稱為散戶賭場的Etron、EID、梨花電氣、Dongbang、KCTC等，每天經常性上下漲跌幅度分別為5％和10％。由於總市值小，以散戶的心理來說，是很容易發生暴漲和暴跌，具變動性的短線股票。

　　我們來拓寬視野，以各個國家來分析變動性。從全球標準來看，韓國市場比起三星、SK海力士，更接近

Etron、EID。韓國市場是占全世界2％左右比重的小市場。可以說是在全球市場中規模非常小的中小企業,再加上能夠緩解變動性衝擊的金融機制比較不足,那麼先進金融市場和韓國金融市場的區別是什麼?

💰 每一件國際大事,都會影響投資人的口袋

　　韓國股市的歷史始於1956年3月3日大韓證券交易所成立。但是在全球市場上開始被認為是正式交易對象,是在1992年允許外資直接投資韓國國內股市之後。限制外資交易解除後,外資可以自由進場,在國際市場秩序下,韓國企業開始正式地接受價值評估。當然由於外資的引進,卻也引發金融危機。從那之後,負債比率過高的企業被淘汰,不是政府的援助,而是以市場機制為基礎,從「京畿道板橋科技谷」成長的實情也可得知這一點。

　　與擁有一百多年悠久歷史的歐洲或美國的資產市場相比,韓國的整體系統所缺乏的東西還很多。本來股市就是單純買賣「企業」股份的系統,但是從「荷蘭東印度公

司」開始的資產交易方式擴大到原物料、公司債券、國債等交易市場，衍生出了多種金融投資商品，包括股市內交易原物料的ETF、指數投資證券（ETN）等商品。

除此之外，還形成了預測未來特定時間的指數，或個別企業股價漲跌的期貨交易市場，還出現了圍繞著指數漲跌，投資人之間展開金錢遊戲的期權交易系統。市場上交易這種原物料、期貨、期權等的系統被稱為「衍生商品市場」，但問題是這樣多種衍生產品，開始干預股票的買賣。同時個別項目的漲跌開始融入了「美國政府的政策」、「中國的消費模式」、「歐洲央行的決策」等諸多變數。

舉例來說，如果美國政府發表「太陽能投資政策」，美國投資人就會收購太陽能ETF，這種ETF不僅包括美國企業，還包括全球太陽能業界排名第一的中國隆基綠能科技股份有限公司（LON GiGreenEnergy Technology）或生產多晶矽的韓國OCI、生產太陽能板的韓華解決方案、LG化學等。關注美國太陽能投資政策的資本超越美國，參與中國、韓國相關企業的收購。這些全球投資對維持較

長時間的股票持倉，起到穩定波動性的作用。

但如果投資的企業脫離多數投資人期待的企業價值，那麼就會發生大量的收購或拋售。像這樣發生過度大幅上漲時，個別投資人也要採取拋售來做應對，如果發生過度地大幅下跌，必須採取收購應對等策略。

相反的，也有因為全球問題而引發拋售的時候。如果美國政府以伊朗為制裁對象，開始宣布限制或進行小規模攻擊等負面消息，那麼從伊朗的地理特性來看，可能會成為國際油價急劇上升的原因。如果國際油價上漲，隨著能源費用的增加，對太陽能等環保企業的收購就可能會進一步增加，但相反的石油化學企業、石油能源使用量大的企業個股或 ETF，就可能會被大量拋售。

尋找膝蓋和肩膀的方法

由於世界上某個地方發生的任何事情，都有可能使股票低於我預期的低點交易，相反的，可能也會以比我想像中更高的價格交易。但是站在投資人的立場，不能預測所

有的漲跌來進行投資。因為股價可能比我買進的時間還要低，所以以「膝蓋買進」為目標，也有可能比我拋售的時間還要高，所以要瞄準「肩膀賣出」。雖然依企業不同，適用範圍也會有所不同，但是參考「從圖表分析的觀點來看，前高點[3]、前低點的價格」也可以解釋為是為了找尋適當的膝蓋和肩膀的位置。

我個人認為尋找膝蓋和肩膀這件事不是靠「運氣」達成的，你可以根據「營收」和「殖利率」來確認。首先比較在國內企業平均本益比和平均殖利率，接著再進一步比較，在美國市場、中國、歐洲等地交易的同一個產業的平均殖利率、最近的漲跌幅度。另外，還有在資產市場沒有外部變數的假設前提下，尋找無法再下跌的低點（膝蓋），以及與營收成長速度成正比的高點（肩膀），在高低點之間，可以在較短時間內（約一到三個月）實現5％至10％的週期性漲跌作為目標收益來進行投資。而這種投資通常被稱為「波段」[4]，如果能夠以營收前景預測值為基礎，找出適當的股價水準（膝蓋），那麼就可以相對穩定地反覆獲得收益。

結論

　「買在膝蓋，賣在肩膀」這項原則的意義整理如下，以年均上漲率為基礎，掌握產業平均上漲速度後，不要制定過度的收益目標，而是穩定地進行買進和賣出，以此來提高自己的投資成果。

23
雞蛋不要放在同一個籃子裡

「不要把雞蛋放在一個籃子裡」，這句話強調的是分散投資的重要性。股票市場的本質在於企業向投資人募集必要的資金，投資人共同享受企業成長的果實。得益於此，許多企業在股市公開企業，投資人們可以像購物一樣選擇項目來進行投資，在這個有很多選擇權的市場上，新手投資人經常會犯兩種錯誤。

💰 過於信任龍頭股

第一種失誤類型是將投資集中在某一個企業。舉例來說，過度看好車用電池市場的可能性，而將大部分資金都投資到了車用電池龍頭——如LG化學。確實LG化學在

全球車用電池市場上處於領先地位，2020年全年股價上漲2.5倍，以2020年3月創下的低點為基準，九個月內飆漲3.5倍，是極具代表性的車用電池企業。由於很多人預測今後車用電池市場將成長10倍以上，因此很多投資人毫不猶豫地投資LG化學。

但是2020年9月LG化學發表了電池事業部的「分割計劃」，這是指將企業內部部門分割為獨立子公司。如果分割為獨立子公司，「吸引外部投資」會比現階段更自由，因為不再是一個部門，而是獨立的公司，可以「銷售股份」，也可以「非公開出售股份」或「獨立IPO」，但問題是對於看到電池事業後而投資LG化學的投資人來說，這是非常可惡的決定，最終導致股價大跌。

企業分割有「人事分割」和「實質分割」兩種情況（注：依韓國商事法規之區分法；台灣同樣會遇到因企業分割而改變股權的情況）。LG化學是將企業內部部門設立為新的獨立法人——LG Energy Solution，變更為100％的獨立子公司。如果母公司LG化學持有子公司的股份維持在100％的話，那麼對現有投資人就不會有影響。另一

種分割方式是指企業內部門下，設立新的獨立法人，按照現有持股率進行分割上市。

以持有LG化學2％股份的投資人來說，實質分割的獨立法人是不含現有投資人股份，100％以LG化學子公司的型態來設立，但是人事分割的新設法人是繼承現有投資人2％股份。

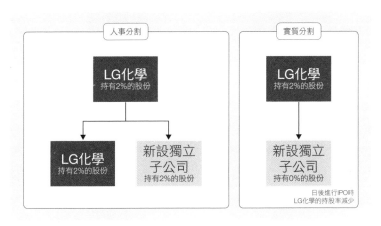

韓國的企業分割類型

LG化學的選擇是預見了車用電池事業成長，但LG化學的投資人們當然會感到失望。此後在2021年上半年

車用電池相關企業的股價上漲30％到50％的期間，LG化學股價反覆地原地踏步，隨著LG Energy Solution的IPO確定，很多專家預測今後LG化學的股價會再下跌。

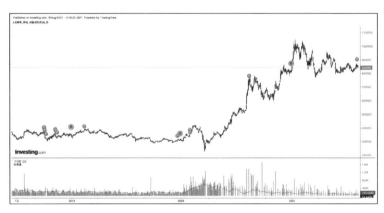

LG化學股價走勢，出處：Investing.com

就像LG化學的例子，只對一家企業做過重比例投資時，由於企業內部或外部的利空因素，可能會發生股票下跌或達不到市場報酬率的情況。散戶無法預測經營企業的大股東會做出怎樣的選擇，因此無法確定企業的未來走向。比起只集中投資在一個企業，更應該以多種企業的組成，才是獲得穩定報酬率的方法。

💰 買進不同標的，但都在相同產業

　　第二種失誤類型很顯然是投資於不同企業，但買了來自相同農場的雞蛋。舉例來說，有一位投資人A對於汽車產業具備專家級的知識水準，假設在國內汽車相關企業中，收購了剎車、輪胎、車內裝飾、轉向器、車用資訊娛樂系統[5]、車內照明設備、自動駕駛等這些領域的代表企業，以上述這些企業來組成自己的投資組合。然而如果因為國內整車品牌的質量問題，在國外市場發生抵制運動的話，國內汽車相關企業的股價將無可避免地下跌，在此種情況下，投資人A的帳戶會怎麼樣？

　　這裡我們再來看看，有一位平時對新興市場很感興趣的投資人B，假設聽到全球製造企業為了躲避中國市場的人工費用上漲，轉移到越南的消息後，以越南的薪水上漲為投資想法，收購越南的建設、食品、基礎設施企業來做投資組合。在此種情況下，如果越南（共產黨一黨獨裁國家）內部發生反共產主義運動或發生外匯危機等區域性問題，投資人B的帳戶會怎麼樣？

上述這兩種都是非常極端的例子，但現實中的確有同時投資三星和SK海力士，或一起投資現代汽車、起亞汽車、現代摩比斯的投資人。當然一次性收購同一區塊的企業並非錯誤投資，但是一般來說三星下跌的話，SK海力士也會下跌；現代汽車下跌的話，起亞汽車和現代摩比斯也會同時下跌。因此比起投資多家類似企業，集中投資其中可期待更高報酬率的企業，反而會更有效率。

　　股價同步走的趨勢，也會以國家為單位。在全球市場上，記憶體半導體前三名是韓國的三星和SK海力士，

三星股價走勢，出處：Investing.com

SK 海力士股價走勢，出處:Investing.com

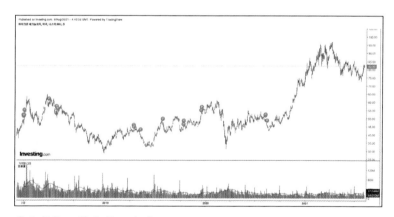

美光科技股價走勢，出處：Investing.com

還有美國的美光（Micron Technology）。從同時期美光的股價動向來看，可以發現和三星、SK海力士並無太大區別。

結論

雖然個別企業存在漲跌差異，但根據全球市場情況，半導體業景氣好的時候，韓國和美國企業都會上漲，反之則都下跌。因此如果同時買進三星和美光，根據半導體業的行情，整個帳戶的報酬率就可能會受到影響。因此從現在開始分散投資時，不僅需要客觀單純地關注一家企業，還需觀察同產業和國家動向。

24
選股就像選美

前述對三星、SK海力士、美光的共同點進行了說明。那麼在三家企業中，投資哪家企業最好？這就取決於個人，分析三家企業的特點後，根據個人偏好，了解投資會有什麼變化。

💰 三星的投資人

為什麼有投資人喜歡三星。三星在三家企業中總市值最大，殖利率也最高。股價走勢也比較穩定，甚至可媲美存款的穩定性，除了半導體記憶體之外，智慧型手機、家電產品、代工等事業投資組合也多種多樣，因此具備成長的可能性。因為總市值和名氣一樣大，所以新手投資人選

擇的可能性會很大，不過如果你只考慮報酬率，三星在三家企業中投資成果可能意外地最少。

僅從2021年上半年的股價走勢來看，高點落在8萬多接近9萬元（以2021年1至6月為基準，股價超過9萬元的交易日不到5天），低點落在7萬多接近8萬元。高點和低點的差距約為12％，不會產生太大的收益，也不會發生太大的損失。專家的目標股價也是平均10萬元出頭，即使以8萬元收購，到目標股價為止的期望報酬率也只有約25％。可以說三星投資人比起高報酬率，更喜歡穩定的收益。

三星股價走勢，出處：Investing.com

💰 SK海力士投資人

其次是喜歡SK海力士投資人的偏好。在韓國證券市場總市值排名第二的企業，在DRAM記憶體晶片和NAND快閃記憶體晶片領域也維持著市場占有率第二名的水準（以收購英特爾NAND記憶體業務後統計）。從事業投資組合來看，專門生產記憶體半導體，以股價12萬元為基準，殖利率[6]約為1％左右。

SK海力士的變動性比三星大。三星從8萬元上漲到8.4萬元，上升了5％，同時間SK海力士從12萬元上漲到13萬韓元，上升了近8％。對於短期投資人來說，可能是一個具吸引力的誘因，但是三星的殖利率為4％，而SK海力士的殖利率較低，只有1％，殖利率低可能是提高下跌率的原因。SK海力士透過快速的收購和拋售策略，可以說是需以短期投資來炒股的企業，也可以說投資SK海力士的人比較喜歡快速獲利的投資。

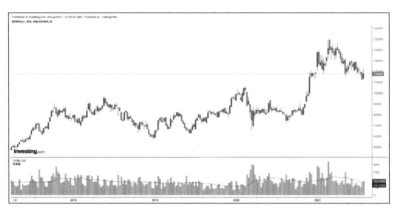

SK海力士股價走勢，出處：Investing.com

💰 美光的投資人

　　最後是喜歡美光的投資人的偏好。選擇這家企業的投資人可能有點誇張地認為「不管怎麼說，美元是最好的」。實際上，投資股票時間愈長的投資人，對韓國市場抱持懷疑態度的情況就愈多。這種觀點可能是對2010年以後，韓國股市在九年內無趣地徘徊在箱型內的反抗心理。事實上，在此期間韓國股市的股價趨勢來看，除了半導體等幾個產業外，大部分都呈現出區間盤整或下跌趨

勢，特別是汽車、造船、航運、金融、建設、食品、化妝品等傳統產業的長期股價線圖讓人感到鬱悶。因此使得韓國市場的長期投資吸引力很小，既然這樣，那麼就要挑好的，一樣是半導體的企業，股價漲跌率也相似的話，當然會認為美國企業會比韓國企業更好一點。

更進一步來看，美光沒有股息和註銷庫藏股等股東回報政策（從2021年第三季度開始分股息），與在那斯達克上市的許多半導體相關企業相比，具有變動性較大的特點。而且美國矽谷企業大部分專門從事系統（非半導體）的設計和設備生產。優點是在美國市場內沒有能夠找到與美光類似的半導體記憶體製造商。因此美光雖然是美國企業，但股價趨勢可以說是與韓國的三星、SK海力士相似的企業。如果是分析國內記憶體半導體企業市況的投資人，想投資「美元」資產，可以按照投資國內企業的原理來投資美光。

美光科技股價走勢，出處：Investing.com

　　像這樣，僅看三家全球記憶體半導體公司，就能找到各自不同的投資理由。如果將其範圍擴大到環保能源、自動駕駛、車用電池、科技平台、遊戲等多種產業上，將會出現更多的投資概念。根據投資傾向，可以組成特定企業的組合，比較各集團的報酬率。

　　其中，集中投資期望報酬率的幾個產業或幾個企業，才能找到超過市場報酬率的投資組合。這就是作為明智的投資人應該具備的重要目標。當然在尋找最佳策略的同時，還要同時使用「多籃子」策略，將投資資產分配給更

多樣化的國家、產業和企業。另外還要區分長期投資和短期投資，了解相應的買進賣出時機。

結論

最近海外投資變得非常容易，比起只投資國內企業，更應該與跨國企業進行比較，謀求最高的報酬率，這樣才能獲得超過市場報酬率的收益。從這個意義上來說，「股票投資就像選美大賽一樣」，意思是像選美大賽一樣制定嚴苛的標準，每個企業都要用用嚴格的一把尺來進行分析，不只要國內市場，也要把眼光放在全世界。

25
有時跟風，有時逆風

　　股票買賣，何時要「跟風」（順勢）？何時要「逆風」（逆勢）呢？前述有提到「需要區分長期投資和短期投資，抓住買進時間，並據此調整賣出時間的能力。」那麼如何確定適合長短期投資的買進時間，如何尋找賣出時間呢？

　　新手投資人最難掌握賣出時間，其次是很難抓買進時間點。很多人認為「我買完後股價下跌怎麼辦？」因而壓力很大，對此最明智的解決方法是在最低點買進股價。當然就連巴菲特也很難抓住股價的低點，新手投資人當然不可能做連偉大投資人都很難做到的事。但是即使不是在最低點，也有相對穩定的買進方法，我們來看一下初學者也可以嘗試的幾種買進和賣出技術。

想要安全買進，需要掌握「長期線圖」的動向。股價根據業績變動，記錄這種股價變動歷史的是股價線圖，沒有必要掌握每分鐘的漲跌率、供需和交易量。但是在確認長期方向性、短期高點和低點、主要上漲軌跡後進行買進，這是投資的基礎。

企業的股價走勢一般可以分為三類。第一類是維持與業績成正比的優良企業，第二類是隨著特定題材話題上漲，但最終跌回原點的，最後第三類不是優良企業，也沒有跟著話題走，而是不知道真實意圖的線圖。優良企業線圖的例子有三星、現代汽車、LG生活健康、Danawa、Echo Marketing等，這些企業的股價比較誠實地反映業績的好壞。

💰 賣出話題性暴漲股

但遺憾的是，韓國企業中相當多的股價線圖，呈現話題性暴漲模式，進行新藥開發的生技企業就是代表性例子。另外，在財務報表中找不到成長性等明顯的投資點，也很難期待股東回報的企業也屬於這種類型的例子。

NEXON GT

讓我們來看一下NEXON GT企業的股價走勢。作為全球遊戲公司NEXON的子公司，是《突擊風暴》的開發商，在更名為NEXON GT之前，叫做GameHi，《突擊風暴》之後，隨著沒有發布大型遊戲的情況持續，業績也持續減少。野心勃勃準備的《突擊風暴2》也因遊戲錯誤等各種爭議話題，創下了國內遊戲歷史上最短時間內結束服務的記錄（正式上市：2016年7月6日，服務結束：2016年9月29日）。但是從股價線圖上來看，可以確認2014年以後出現了約四次的暴漲。

第一次暴漲是在備受期待的《突擊風暴2》的開發消息首次正式出臺時出現的，但是上市的《突擊風暴2》陷入爭議後，暴漲的股價又回到了原點。第二次暴漲（2017年8月中旬）發生在NEXON的另一子公司「NEXONRED」即將推出名為「AxE」的大規模遊戲（2017年9月中）的消息傳出時，因為同樣名稱中有「NEXON」，與NEXONRED毫無關係的NEXON GT也暴漲。

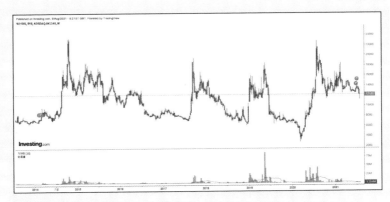

NEXON GT股價走勢，出處：Investing.com

　　雖然這不是因業績而來的新聞，但股價卻上漲，可以說是因為市場判斷NEXON GT這個企業並無自身魅力。之後還有兩次暴漲，分別是2019年因MOAIGames開發，由NEXON發行的大作遊戲《超能力者Traha》上市的消息而暴漲，2020年則是因為NEXON大作手遊《風之國度：燕》上市的消息，股價暴漲。像這樣不是因企業的業績，而是因為話題發生暴漲暴跌的情況很多，也有傳聞稱這是「必須要小心的作戰股」。

　　但是也可以利用因話題而暴漲後股價下跌的模式來進行交易。NEXON GT股價的低點約為七、八千元之間，

如果話題熱潮再多加一些，就會暴漲。投資高手們會把這些投資想法記錄下來，如果發生可能對市場產生影響的話題，就會透過小額投資獲得小小的收益。

三星生物

接下來要觀察的企業是三星生物。作為開發胰臟癌免疫治療藥劑Riavax的企業，由於對臨床結果的期待，2015年就有過一次暴漲，在2020年底發表了3期臨床試驗結果，出現創下記錄的暴漲。這種趨勢與國外知名製藥公司的股價模式存在差異性。

世界級製藥公司輝瑞、諾華（Novartis）、賽諾菲（Sanofi）、嬌生子公司楊森製藥（Janssen）等，以實際銷售額為基礎，才會發生股價暴漲暴跌的傾向。進入2010年代後，成長為全球性製藥公司的美國吉利德科學公司，在全世界流行A型流感病毒H1N1時，因「克流感」銷售額的增加，股價暴漲。原本20美元左右的股價在A型流感流行後的三年裡，上漲了約5倍（股價110美元）。

　　在國外沒那麼容易找到像國內新藥開發企業一樣以進行臨床試驗為由，在沒有業績的情況下就上漲至少50％，多則上看1000％的情況。這種上漲可以看作是國內市場的一種特殊性（注：台灣生技業也有類似的特性）。資產市場終究是投資人的巨大戰場，決定這場戰爭方向的是投資人的心理。在韓國投資人的默許下，生技企業反覆上漲和下跌，如果你夠聰明靈活，可採取提前確認「臨床試驗日程」，在市場關注之前（交易量上升之前）提前買進，在新聞出現時拋售的戰略。

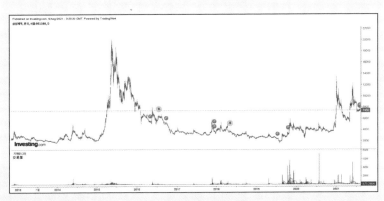

三星生物股價走勢，出處：Investing.com

從韓國遊戲股和生技製藥股兩個例子中觀察到的投資策略，最終不是以「業績」做決定，而是以「話題」做決定。但因為這是缺乏根據的投資想法，所以成功的可能性很低，如果停利的話是萬幸，但如果不是的話，看著其他感興趣的標的上漲，可能就會想停損出場。這個策略可以看作是長期在市場生存下來的投資人，小額享受的一種「遊戲性投資策略」。

　　這次我們來了解一下穩定且成功可能性高的投資策略。請打開可以查看電腦、手機交易系統或股價線圖的網站，圖表中有表示行情漲跌的K棒，K棒上下有形形色色的幾個曲線，在投資市場上稱為移動平均線[7]（以下簡稱均線），均線的基準可以設置很多種，但通常以5、20、60、120作為基本值。該均線是K棒「收盤價的平均」連結而成的線，對應於5、20、60、120的數字。和K棒行進最相似的走勢是「5日均線」，這是5日K棒的收盤價平均連接而成的線，離K棒最遠的「120日均線」是120日K棒的收盤平均連結而成的線。該均線在股票線圖上作為默認值表現的原因，是從超過百年的股市統計值來看，

價格移動以該線為基準發生的情況很常見。實際上在各種
條件的線圖上，可以看到K棒和均線的移動就磁鐵的N極
和S極一樣，反覆相吸後又分開。

補充說明　移動平均線解析法

「股價在達60日均線，出現技術性反彈的可能性很
高。」移動平均線是將一定期間內股價合計的平均值，依
次連接而成的線，是掌握股價走勢和趨勢的指標。這裡所

股價觸及移動平均線反彈的線圖，資料來源：NAVER金融

說的一定時間，是根據5日、30日、60日等，成為短期、中期、長期移動平均線，因為長期移動平均線包含很低和很高的數值，所以基本上在低的價格帶形成線，這就是被稱為壓力線或支撐線的理由。因此在股價下跌的時候，如果遇到這個支撐線，就很有可能再次反彈。

Danawa

Danawa的股價線圖顯示出在國內市場上很難看到的長期上漲趨勢。每年銷售額和利潤都在成長，股價也持續上漲，因此只是苦惱什麼時候最適合出手的企業，但是仔細觀察的話，可以找到幾年間所出現的股價規律。如果沒有特別情況，Danawa的股價很少跌到20日均線下。雖然2020年3月股價曾破例大幅下跌到20日均線以下，但當時韓國KOSPI指數整體從2,000點下降到1,400點，綜合上述所言，如果想購買Danawa股票，最好在「銷售額和利潤持續成長」的假設下，在20日均線上買進，有很高機率，在那個價格就是處於低點。

Danawa 股價走勢，出處：Naver 金融

恩希軟體

　　長期上漲線圖的另一個企業是恩希軟體。恩希軟體的20日均線來看，是持續上升趨勢。如果像Danawa一樣符合「業績和利潤上升的假設」，那麼達到20日均線的時間將成為「買進點」。實際上在2021年初，由於恩希軟體「天堂M」拒絕退款事件，隨著抵制運動的進行，股價從

100萬元暴跌到80萬元出頭,暴跌了近20%。但是20日均線附近發生了外資大量收購,股價也停止了下跌,然而受2021年1月開始的抵制《天堂M》運動的影響,《天堂M》和《天堂M2》的用戶數減少了50%以上,如果導致「業績和利潤的減少」,股價有可能在跌破20日均線下。

像這樣如果找到很多投資人都作為基準的買進策略,就可以找到「比較安全」的買點。那麼與Danawa和恩希軟體不同,看不見上漲趨勢的企業如何找到買進點?

恩希軟體股價走勢,出處:Naver金融

💰 賣出業績反轉股

接下來讓我們看一下因為大規模可換債而陷入評價爭議的HMM集團。HMM集團的前身是現代商船，1990年代後期運營了金剛山旅遊船，此後隨著2000年代中國的急劇成長，全世界物流量增加，航運業的情況呈現爆發性成長，股價足足上漲了50倍，是一家大型企業。但是過度膨脹的航運業界整體卻發生了危機，2016年初負債比率到達了5000％，成為了虧損企業，當年7月產業銀行金援後，經過四年的結構調整，在2020年重新恢復到了大企業的水準（資產總額5兆韓元以上），新冠肺炎後航運貨物量再次爆發，成功將業績反轉。

在股市長期存活的投資人中，關注「轉虧為盈」的人很多，企業的目的本來就是「以資本創造利益」，但總有些「虧損企業」失敗了，這樣的企業再次用資本創造資本利益，意味著從股價方面會有新的評價依據，這樣一來低評價企業可以以業績為基礎，創造新的股價趨勢。如果像韓國HMM集團和美國特斯拉一樣期待「爆發性增長」，

那麼股價上漲就會更加戲劇化，儘快找出企業的這種體質變化也是投資人瞄準的成功機會之一。

HMM 股價走勢，出處：Naver 金融

企業業績分析									
主要財務信息	最近年度業績				最近季度業績				
	2018.12	2019.12	2020.12	2021.12 (E)	2020.3	2020.6	2020.9	2020.12	2021.3	2021.6 (E)
銷售額（億韓元）	52,221	55,131	64,133	112,503	13,131	13,751	17,185	20,065	24,280	27,369
營業利潤（億韓元）	-5,587	-2,997	9,808	51,638	-20	1,387	2,771	5,670	10,193	12,548
本期淨利（億韓元）	-7,906	-5,898	1,240	39,085	-656	281	246	1,368	1,541	17,529

HMM 財務報表，資料來源：Naver 金融

　　HMM集團在2020年第二季度轉虧為盈後，約一年內股價上漲了10倍以上，當時HMM集團被稱為韓國的特斯拉，還被稱為「HMM斯拉」。

　　但是股價不可能一直漲，一開始用兩、三千元就可以買到股票，到五萬元左右開始下跌，在高點買進的投資人紛紛開始崩潰，這裡我們要學習的就是「賣出的藝術」，所有人都不得不承認HMM集團的業績上升是不合理的，那麼什麼時候賣出最漂亮？

HMM股價走勢，出處：Naver金融

HMM集團的上升趨勢可以看作是5日均線上奔跑的賽馬。因此投資人應該會一邊竊喜，也同時煩惱著「什麼時賣出會比較好」。很多專家認為，如果沒有2021年3月底的「蘇伊士運河癱瘓事故」，HMM集團的上漲將在3萬元的水準上進行盤整，實際看線圖，HMM集團在2021年3月底到4月初的交易量比平時高，對於暴漲中個股，如果突然間交易量爆發，很可能就是短期內高點將現身的

HMM股價走勢，出處：Naver金融

徵兆，如果期待 HMM 集團轉虧為盈而買進的投資人，在
3萬元左右賣出，將會是非常成功的投資。如果這時賣出
的話，報酬率應該是500％至1000％，相當驚人。

　　但是由於蘇伊士運河癱瘓事故，航運業的重要性再次
受到關注，再次展開了「可怕的進攻」，我個人在分析該
企業時認為即使3萬元前買進，也算是比較「安全」，在
直播或YouTube頻道上我也是這樣告訴大家。然而，之後
的牛市中，與其買HMM集團，我建議買進其他公司。因
為當時HMM集團的股價暴漲，更多是因為投資人對未來
股價的期待，而非實際業績。但是一位認識很久的投資
友人對我說：「用月K看的話，應該可以到5萬元都沒問
題。」我一聽到，就在心裡大喊「糟糕！」

　　前述有提到，有時要利用很多人在進行的方法投資。
在大多數圖表中，以5日、20日、60日和120日的均線
作為默認值設置，也有很多投資人看著日K、週K、月K
線圖來掌握股價的趨勢，採取短線交易策略的人也會以1
分、3分、5分、10分的K線來觀察線圖。隨著HMM集
團轉虧為盈的利多因素，以及「史上最佳業績」、「與去

年相比上升1000％」等夢想般的消息充斥在市場上，如果HMM集團的股價還沒達到投資人「心理壓力線」的均線，那麼就有可能繼續上漲。

這樣可以將均線活用為尋找低點和高點的方法。當然，根據企業的業績、產業概況、財務狀況，投資策略可能隨之改變，但在沒有必勝公式的投資市場上，均線作為尋找「第一次買進的價格」、「第二次買進的價格」、「需要減少比重的價格」的工具，就顯得很管用。

每天確認感興趣標的的線圖和價格時，一定要參考一下均線，透過自己所希望的買進、賣出價格和交易量，參考市場的關注度，找出「技術性的買進時間」和「藝術性的賣出時間」，這種經驗值愈累積，投資的成功率和報酬率就會愈高。

💰 外資均線活用法

補充再說明一點，在韓國市場最重要的供需是「外資」。那麼外資也會用和韓國人相同的均線來觀察股市

嗎？美國是世界上唯一一個在SI單位[8]中不按照國際標準使用公尺和公斤，而是使用英里和磅的國家，在股票線圖上也單獨存在這種美國獨有的標準，那就是20日、50日、100日、200日均線。

國內投資人使用的5日均線，是從週一到週五，也就是一週的移動平均值。20日的均線則是5日的4倍，也就是一個月的移動平均值，同樣的60天可視為一季度，120天可視為半年，240天可視為一年。但是一年中有公休日等休息日，因此美國投資人在這裡反映休息日的一部分，使用50日均線（假設一季度中平均有10天的休息日）、100天均線（假設半季中平均有20天的休息日）、200天均線中（假設一年中平均有40天的休息天）來決定買進和賣出的時間。

韓國上市公司中也有很多企業受到外資收購和拋售的影響。例如三星信用卡就不是受到散戶的影響，而是在外資的收購、拋售中決定高點和低點的情況較多。

在2020年5月三星信用卡出現將被MSCI指數[9]剔除

的話題。MSCI指數是全世界投資金額最大的股價指數之一，在規定的期限內，大量賣出的資金會引發更大的賣壓，因此這種話題必然會反映在股價的下跌上。這消息被傳開之前，三星信用卡的股價為3.4萬至3.5萬元，但新聞一發布就下跌到3.3萬元，隨著「賣出預告時間」的將近，下跌至3.2萬元。

但有趣的是，並不是所有人都只有賣出，雖然預告了會有1,000億韓元以上的盲目拋售，但卻有一部分市場參與者正在一點一點地收購，試圖透過股價反彈來實現收益。下表是MSCI指數編製的2021年5月前，三星信用卡的收購動向，相關新聞正式發布後的2021年5月3日，平靜運作的股價在一天內下跌了4.67％。此後本以為股價會恢復，但隨著到2021年5月27日為止要拋售特定數量的消息傳開後，三星信用卡的股價一個月內持續下跌，但是卻在200日均線的附近停止下跌，5月27日股價反而上漲了2.34％，短時間內恢復到原來的價格。

在此期間，外資向市場拋售了約1.5％的股份，導致下跌。相反的，隨著股價離200日均線愈來愈近，機構

三星信用卡的股價走勢，來源：NAVER金融

日期	收盤價	前日對比	漲跌率	交易量	機關		外資	
					淨買賣量	淨買賣量	持有股數	持有率
2021.5.28	33,300	▲500	+1.52%	416,656	+124,600	-73,044	11414983	9.85%
2021.5.27	32,800	▲750	+2.34%	3,378,250	+142,355	-209,238	11505027	9.93%
2021.5.26	32,050	▼100	-0.31%	592,130	+73,118	-304,849	11714252	10.11%
2021.5.25	32,150	▲100	+0.31%	629,815	+70,118	-276,371	12016401	10.37%
2021.5.24	32,050	▼150	-0.47%	436,048	+43,937	-207,990	12302497	10.62%
2021.5.21	32,200	▼50	-0.16%	237,212	+20,880	-79,271	12510309	10.80%
2021.5.20	32,250	▼800	-2.42%	455,821	+13,204	-272,089	12578780	10.86%
2021.5.18	33,050	▲150	+0.46%	251,041	+42,440	-55,488	12842867	11.09%
2021.5.17	32,900	▼700	-2.08%	295,743	+19,801	-143,565	12899355	11.13%
2021.5.14	33,600	▲50	+0.15%	178,362	+33,671	-33470	13042920	11.26%

三星信用卡的收購動向，資料來源：NAVER金融

提高了買進量，而在下跌後形成的短線反彈，獲得7%至10%的收益。

　　筆者也在該暴跌區間投資了相當大的資金，獲得了安全收益。因此如果理解股價指數增加和剔除的機制，以及機構和外資投資人的觀點，就有望安全地賺到價差。

結論

　　股市很難找到「公式」和「正確答案」，更重要的是在時刻變化的情況下，尋找「高機率的勝負點」，冷靜地獲得收益，而這就是買賣的技術和藝術。

26
先觀察樹林，再細看樹木

　　為了預測像三星和HMM集團等大型企業的漲跌，必須要分析「景氣」，景氣是決定產業整體漲跌的重要因素。試想一下占三星銷售額大部分的DRAM記憶體半導體價格上漲，三星的銷售額和利潤就會增加，股息也會上升，那麼股價上漲的可能性也就很大。

　　相反的，製造DRAM半導體所需的原材料矽或印刷電路板（PCB）的價格上漲，會因為生產費用上漲，即使三星的銷售額保持不變，利潤也會減少。因此掌握預計要投資企業的銷售結構，觀察相關的原材料、商品等價格走勢，是提高投資報酬率的必要過程。

💰 太陽能事業和OCI

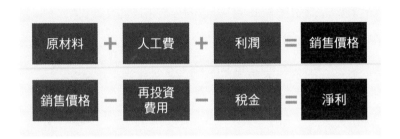

　　上面圖片簡單表示了景氣對企業結構的影響。我們將利用這些來尋找相關產業的「森林」是什麼,「樹木」的成長是什麼。我們舉個例子來說,美國政府宣布對太陽能事業投資1兆美元,這個時候太陽能市場可以被視為一片「森林」,像太陽能板的材料「多晶矽」,中國新疆維吾爾自治區所生產的價格為全球最低,但是發布1兆美元投資的美國政府,追加禁止美國進口中國新疆維吾爾自治區的多晶矽的太陽能板條款,那麼從「森林」的觀點來看,太陽能相關產業中,哪家企業最受惠?

　　「新疆多晶矽」,成為美國政府太陽能投資的利多關鍵,因為美國已經宣布不能使用該材料,因此在新疆以外

OCI 股價走勢，出處：Investing.com

地區，所生產多晶矽的企業將受惠。專家分析已於太陽
能產業穩固根基的韓國企業OCI就將受益匪淺，實際當時
OCI的股價也大幅上漲。此前由於和中國的低價多晶矽的
競爭，企業轉虧為盈的話題，成為了足以帶動OCI股價的
題材。

　　這樣可以說是「森林」的市場整體動向來看的話，
其中所包含的「樹木」，即個別項目的漲跌亦是可以預測
的，從這一點來看，很多專家都說「先看森林，再看樹
木」。

曉星 T&C

　　再找一個例子。這次和 2020 年 HMM 集團類似，歷來上漲最多的曉星 T&C。曉星 T&C 的主要銷售來源是主要用於緊身褲，一種名為「氨綸（Spandex）」的碳纖維材料，由於新冠疫情爆發，外出變得困難，在家運動的人口大幅增加，因為不用在意別人的眼光，對於高舒適度運動服的需求愈來愈高，全世界對機能褲的需求爆發了，而這對 Nike、愛迪達、UnderArmour 等全球運動裝品牌來說，是非常令人樂於見到的趨勢。因為形成了新興市場，隨著緊身褲市場的成長，在美國像露露檸檬這樣的新興品牌也開始迅速成長。在韓國「Andar」或「Xexymix」等新品牌的銷量也不亞於 Nike、愛迪達，正在持續成長中。

　　隨著緊身褲需求爆發性增加，生產緊身褲材料的曉星 T&C 也受益於氨綸銷售價格上漲。2019 年光 1 年就賺進 3,000 億韓元的營業利益，以 2020 年第四季度為基準，增加到了 1,300 億韓元，2021 年第一季度因為足足提升到了 2,400 億韓元，充分享受了銷售價格上漲的效果。股價也隨著業績的成長而迅速上漲，以 2020 年 8 月為基準，股價

為10萬元左右，2021年8月還交易到80萬元以上。

　　當然曉星T&C是屬於化學產業的股票，就如同營收一樣，「殖利率」也是很重要參考指標。根據產業不同，有以「成長性」為中心來做投資戰略的股票，也有需要考慮「殖利率」來進行買進或賣出的股票。如果企業能夠預測今後賺取的收益，在一定程度上可以預測支付的股息。

　　曉星T&C 2019年有1200億韓元左右的淨利潤時，每股發放了2,000元的股息，在2020年營業淨利為1,683億韓元時，每股發放5,000元股息，可以說隨著業績成長，也會提供相對比例的股息回饋投資人的良心企業。2021年預估淨利益約為1兆韓元，與2020年相比，規模約為6倍，以此為基礎，股息也將增加到6倍，每股可以期待發放3萬韓元股息，那麼以KOSPI或標普五百的平均殖利率1.5％為基準，計算在3萬韓元的預期股息目標股價。

　　如果想適用1.5％的殖利率，給3萬元的股息，那麼每股價格必須達到200萬元，那麼股價為何80萬元水準的股價無法上漲？這是因為對業績預測值的不確定性嗎？還

是因為有可能發不出每股3萬元的股息？這就需要從「森林」的觀點出發。

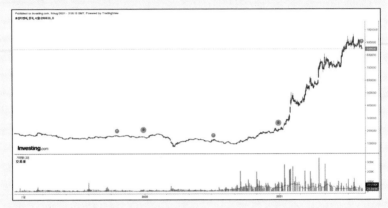

曉星T&C股價走勢，出處：Investing.com

露露檸檬股價走勢，出處：Investing.com

　　氨綸是從工廠產出的工業生產品，是隨時都可以取代的產品，這我舉個例子來說，一個蘋果農場的農民買了一塊新的果園農地，一箱蘋果的價格是2萬元，一箱桃子價格是20萬元，此時農夫在新買的果園農地上會種植蘋果樹還是桃子樹？市場不斷變化，要尋找能「變成錢」的標的。

$$3萬元 \div 1.5\% = 200萬元$$

　　氨綸因供不應求而大幅上漲，但這可能只是暫時現象。如果在曉星T&C增設，或中國的化學企業開始新的氨綸事業，那麼單價價格就可能會下降。因此從整個產業的角度來看，應該確認全球市場的動向，並觀察競爭企業的增加或氨綸的價格變動，小心地做出買進和賣出的選擇。

　　這裡作為參考，曉星T&C所屬的化學產業，傳統上可預期給3%至4%的股息。假設發放3萬元的股息，我再重新計算一下目標股價，如果將目標殖利率設定為3%，100萬元都還是合理的股價，如果以4%的殖利率計算，可以將合理股價設在75萬元。

$$3萬元 \div 3\% = 100萬元$$
$$3萬元 \div 4\% = 75萬元$$

今後如果曉星T&C的業績進一步提升，目標股價可能會進一步上升。只是因為是「賺錢的事業」，所以更多的競爭企業會想要生產氨綸，這稍有不慎就會導致「供過於求」出現大幅赤字，這是大部分製造業遇到的宿弊問題，如果對製造企業感興趣，這部分一定要考慮進去。

💰 半導體和三星

最後從「森林」的觀點出發，再來思考一個需要接近的項目，是KOSPI最大的老大哥三星。眾所皆知，三星是「半導體記憶體」業績最優秀的企業之一，他們還有智慧型手機Galaxy系列，以及創造其他銷售成長的家電產品品牌BESPOKE，他們也是全世界除了台積電與英特爾之外，少數可以進行10奈米[10]以下半導體先進製程的代工事業部，還有小型OLED市場則有全球第一的非上市子公

司三星顯示器等綜合事業體。但是無論怎麼說，三星最主要的獲利來源還是半導體記憶體，根據半導體記憶體的價格，獲利率也會發生很大的變化。

像三星這樣的跨國企業中，很少有企業營業利潤會如此急劇變化，2018年超過24％的獲利率，在2019年1年內減少了一半，減少到了12％，雖然此後營業利潤也在持續增加，但很多專家警告說，如果三星和SK海力士、美光等「新生產設施」在2022年或2023年啟動的話，營業利潤可能會再次減少。

企業業績分析

主要財務信息	最近年度業績				最近季度業績					
	2018.12	2019.12	2020.12	2021.12 (E)	2020.3	2020.6	2020.9	2020.12	2021.3	2021.6 (E)
銷售額（億韓元）	2,437,714	2,304,009	2,368,070	2,752,561	553,252	529,661	669,642	615,515	653,885	612,813
營業利潤（億韓元）	588,867	277,685	359,939	531,642	64,473	81,463	123,532	90,470	93,829	109,741
本期淨利潤（億韓元）	443,449	217,389	264,078	401,903	48,849	55,551	93,607	66,071	71,417	84,950
獲利率（%）	24.16	12.05	15.20	19.31	11.65	15.38	18.45	14.70	14.35	17.91
淨利率（%）	18.19	9.44	11.15	14.60	8.83	10.49	13.98	10.73	10.92	13.86
ROE（%）	19.63	8.69	9.98	14.31	8.45	8.49	9.51	9.98	10.79	

三星電子財務報表，資料來源：Naver金融

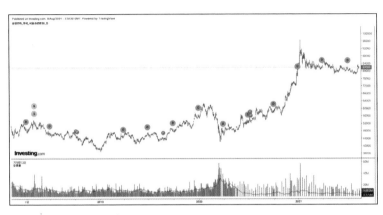

三星股價走勢，出處：Investing.com

　　從「森林」的角度來看，全球記憶體晶片總需求量與生產的總供應量應處於平衡狀態，如果「需求領先市場」，相關企業的營收就會增加，如果成為「供給領先市場」，相關企業的營收就會減少。同樣地營業利潤增加，我們就可以期待股價上漲，但如果預測今後營業利潤會減少，股價就很有可能下跌。

　　最代表性的事例是2018年三星的營業利潤，雖然達到了史上最佳水準，但股價卻在一年內始終呈現下降趨勢，這是因為「雖然今年是最好的，但是隔年2019年獲

利率會下降」的想法，被提前反映出來了，這就是股票投資很困難的原因。

在投資任何企業之前，要根據你掌握多少資訊，以及是否有效分析可能影響該企業股價的各種因素，這樣股票報酬率才會有所不同。想要提高報酬率，除了分析股市本質的線圖之外，還必需掌握「森林」。除了剛剛觀察到的產業概況外，「森林」中包含的資訊也非常多樣，主要跨國企業發生的停電、地震、土石流、洪水等天然災害（需求急劇減少，價格有可能上漲），2021年蘇伊士運河癱瘓事故（進一步加重超負荷的航運負載量，引發航運運費爆炸性上漲），聯準會的縮減量化寬鬆和基準利率上調（只是聽到傳聞，股市就會大幅動搖）等都是代表性的例子。

結論

分析這些對外資訊來做投資的人也被稱為「宏觀投資人」，只是在專門學習這些宏觀資訊的經濟學家中，很難找到在股市上大獲成功的人。從這一點來看，與其成為單一領域的專家，不如自我充實，成為全面性了解經濟、線

圖、供需、題材、心理等多面相的通才。換句話說就是
「先觀察樹林，再細看樹木」的原則，以「不要只學習線
圖，也要學習經濟」來作結。

27
成為「見風轉舵」的投資人

　　最後要考慮的是關於靈活性的問題，筆者在打開股票APP的時候總是會有這樣的想法。

　　「我是『見風轉舵』的人。」

　　這是在YouTube或艾菲卡TV直播中經常反覆的句子，你會問這是什麼意思？顧名思義就是隨時都有可能改變，即使昨天看到A企業後認為「絕對不會買這個企業的股票」，但如果看到新的新聞、公告、利多因素，就要重新回到原點分析企業，才能成為成功的投資人。市場上時時刻刻都會出現新新聞，每分鐘都會有數千億、數十兆元的資金流動著，因此每天市場氛圍都不一樣，甚至連上午和下午的市場氛圍都會不一樣的變化無常。

原本不看好的企業，出現有可能上漲2倍、3倍的利多消息的話，就應該積極地收購。相反的，即使是平時非常喜歡的企業，如果出現利空因素，也需要有冷靜拒絕的勇氣。從這個意義層面來說，我認為做個「見風轉舵」的人在長期投資很重要。

假設我們和祖先一樣恪守道德，沒有法律也剛直生活。只是一味追求擇善固執的人就很可能在股市中成為冤大頭，如果只投資自己認為正確的企業，最終可能與市場趨勢背道而馳，有時看起來搖搖欲墜的企業會起飛，看似絕對不會動搖的企業股價也可能暴漲。

💰 態度靈活與紀律投資

我所謂「見風轉舵」，並不是指持有A股票，但看到B企業有什麼風吹草動，就趕快採取出售A和購買B的策略。而在靈活應對市場的同時，還是要有固執的投資哲學。聽起來前後矛盾，所以我想解釋一下。

我分析企業時，將「股東權益報酬率」和「營業利益

率」作為最重要的投資指標，尤其是股東權益報酬率。看這些指標的投資不是圖2％、3％的短期收益，而是要穩穩賺，我更期待年均20％、30％的長獲利，但是以這種投資哲學為基礎進場的投資人，突然挑戰了以分K線、交易量、話題為中心，快進推出的搶帽子遊戲[11]，這就像拿著小客車駕照就妄想要開F-16戰鬥機一樣不自量力。

相反的，短線交易者偏好每天看著熱門話題，追逐股價波動高的企業，進行買賣非常快速的投資，如果這種投資人買進三星呢？看著在近1兆韓元的交易金額中每天移動0.5％到1％左右，應該會感到鬱悶而停損。

世界上有超過78億人，而且每個人的經驗和想法都不一樣。沒有絕對正確的投資方法，即使收購和巴菲特一樣的企業，根據個人的決定也有可能會遭受巨大損失，相反的也有可能創下比巴菲特更高的報酬率。重要的是要控制壓力，滿足於自己目標的報酬率，如果對自己的報酬率不滿意，就要透過努力來彌補不足之處。

但是在此過程中，很容易被「別人這樣做賺錢了」或

「聽說這個人的報酬率很好，不能按照這個人的話投資嗎？」所影響，這與其說是靈活，不如說是逃避責任的可怕思考方式。我認為讀過這本書的人，至少會以「想掌握自己資產」的心態來投資。

結論

根據上面所說的，我們應該要會獨立思考。根據筆者的經驗，要想在股市取得成功，最需要的就是成為「機會主義者」。本金小的時候給予的機會和本金大的時候抓住的機會不可能相同，投資總市值較小的中小企業時和投資大企業時的收益也不會相同，在韓國市場可以找到的機會和美國市場可以找到的機會也是不同的。對金融股的期待不能和對Naver、Kakao期待一樣，因此每當按下下單按鈕的瞬間，就要擁有在新的起點上開始旅行的心態，我認為這就是所謂的「見風轉舵」。

注釋

1 盈利驚喜，遠超市場預期的好業績。

2 Foundry，專門負責半導體製造的生產專門企業。

3 前線價格的高點，這是指隨著股價上漲，上升到一定的價格帶後被擠壓時，有可能成為壓力線的部分。

4 波段（swing），一般在幾天內實現差價的短期買賣方式。

5 是指能夠同時向用戶傳達資訊和遊戲、影音系統。包括提供導航、音樂、影像等的觸控螢幕、藍牙免持通信系統等。

6 意即股利占股價的百分之幾。

7 將一定期間內的股價合算後，將平均值依次連接而成的線，掌握股價走勢和趨勢的指標，根據設定的時間段，有5日、30日、60日、120日、200日的移動平均線。

8 SI單位（International System of Unies），國際上統一計量單位，如公尺、公斤、秒、安培、克爾文、莫耳、坎德拉等。

9 MSCI指數（Morgan Stanley Capital International Index），和KRX300、標普五百指數等一樣，MSCI方面選定符合條件的企業後計算得出的指數。

10 十億分之一米。

11 搶帽子（scalping），超短打買賣。

結語

穩穩賺，開創專屬簡單致富之路

我認為閱讀這本書的人都會對股票投資和資產管理感興趣，都是為了想達成財富自由而努力學習的人。我想透過這本書傳達，投資之前必須知道的財務常識，另外書中還包含了我在回覆觀眾時常見的問題，並一針見血點出「絕對不能犯的錯誤」和「必要的精神管理方法」。

開始投資的時候有很多人會勾勒藍圖，在股票委託欄上看到每天上漲1％、5％、10％的股票，就會沉浸在「我也很快就能成為富翁」的幻想中，如果不貪心，每天只增加1％的本金，即使現在只有100萬元，一年後也能創出無法想像的報酬率。

$$100 萬元 \times (1.01)^{240} = 1,089 萬 2,553.65 元$$

也就是說如果將1年計算為240天（休息日除外），每天積累1%的收益，就能獲得十倍的報酬率。

大家都夢想著賺十倍，每天多1%投資組合就可以賺十倍，但是這種目標的成功率很低，因為這是只有真正了解股市，才能實現的報酬率。現實和理想總是有落差，很多新手投資人剛入股市就因為新手運而有不錯的獲利，甚至在一段時間後持續收益，此時就會誤以為「我很會做股票」，而問題就從那時開始。

偶爾「三星上漲了3％」、「SK海力士到達新高價」、「韓國的出口業績創下了史上最高記錄」，「誕生了二十多歲就開著超跑的少年股神」等，看新聞參與股市的情況，成千上萬的股民就是這樣進場的，市場提供了新的資金，呈現出上漲趨勢。但是從某個瞬間開始，我投資的習慣和模式就會發生崩潰的情況，股票脫不了手，報酬率來到負兩位數，自此就開始認為「我果然不適合投資。」

就在這時，投資人的方向會有所不同，有些投資人忘不了投資初期的「成功」，將更多的錢（或債務）轉入股

票帳戶，去做所謂的「攤平」。相反的，有些人為了尋找失敗的原因，開始搜尋資訊，分析市場環境，學習經濟，那麼究竟誰會獲得更高的報酬率？

💰 查理‧蒙格與巴菲特的共同點是什麼？

我們都知道很多成功的投資人，我想沒有人不知道巴菲特和他的導師兼合作伙伴查理‧蒙格（Charles Munger）；以《大賣空》電影主角原型而聞名的麥克‧貝瑞（Michael Burry）也是2020年熱蒐的人物；曾被稱為「乾媽」的凱薩琳‧伍德（Catherine Wood）也是新冠危機後成功的投資人，這麼多成功的投資人，他們的共同點是什麼？

他們都擁有明確的投資哲學，分析經濟時想到的投資理念會實踐到目標收益出現為止，反覆地驗證。不只是反覆買進賣出，而是分析企業，對貨幣政策和國家制度的變化反應更加敏感，並根據整體產業的長期趨勢，優先調整資產投資比例。

說到這裡的話，大部分投資人會反問：「這樣什麼時候才能變成富翁？」想要快速讓本金翻倍再翻倍，成為億萬資產家，模仿偉大投資人的投資方法那不就行了嗎？但是俗話說「三歲的習慣會持續到八十歲」。進入股市後，比起投資，以交易為主要達成目標收益的人，即使完成了自己想像中的種子資金，最終也只會回到「初期投資習慣」。

　　當然散戶當中總有少數人，擁有獲得巨大收益的DNA，他們具有每天追蹤話題，觀察各產業的交易量，透過線圖分析和快速判斷，透過當天的收購和拋售策略累積收益的能力，但是在過去的十年裡，我觀察大部分的散戶會認為做得好是不賠本，做不好是停損。

　　再舉例在2020年呈現史無前例上漲率的新豐製藥來看，雖然成為了給某些投資人充滿感謝找到新生活的企業，但是被某些投資人認為是搶走或套牢了很多錢的無良公司。「比特幣」也一樣，隨著低利率政策的時代潮流，在出現「資產泡沫」、「新經濟」等說法的時期，比特幣暴漲到很可怕的程度，創造了新的富翁，類似用「一千萬

元變成十億元」標題的影片迅速傳開，爭先恐後地為了成為富翁，開始投資加密貨幣。

在這種趨勢中，一定有人賺錢了，但是此種投資方式中缺乏最重要的一點，那就是「實力」。這裡所說的實力是指能夠找到「高點」的「經濟知識」，投資到獲得收益，舉世矚目的企業也能借助市場的熱度而爬得更高。加密貨幣、NFT[1]等虛擬資產也隨著眾多新投資人的資金湧入，交易量爆發，資金週轉加快，獲利滿滿。但之後自身要具備尋找高點的能力就不是那麼容易可以獲得。

有支配投資市場的絕對原理，那就是「數字」。透過企業的業績、買進和賣出的交易量、股票的需求和供應等數字來決定股票的價格。每年或每季度，央行、IMF、WTO等公布經濟成長率、利率、業績預期、目標股價等數字。

透過電腦或手機交易系統投資時，也會接觸到本益比、股價淨值比（PBR）、股價營收比（PSR）、股東權益報酬率、殖利率、負債比、保留率、銷售、營業利益、

淨利等各式各樣的數值。從這裡開始，大部分投資人紛紛舉手投降，YouTube上也只有難以理解的說明，「資料上說本益比15比較合理，但是我投資的企業本益比高達50！那我還是果斷放棄吧」，結果賣出後，該標的反而出現20％至30％的暴漲，要如何避免這樣的遺憾發生？就需要以實力來預防。

培養實力的方法有很多種，有被稱為「搶帽子」的超短打投資方法，也有像波段一樣，根據市場系統自然發生的漲跌，逐漸累積收益的投資方法。利用幾個或幾十個數字，按照公式自動進行收購、拋售的量化投資也很受歡迎，或者有利用ETF投資整個市場，而非投資個別企業的方法。這並沒有正確答案。

在考慮投資方法前，最重要的是自己是否做好了開始投資的準備，然後要尋找適合自己的投資方法，根據變化無窮的市場，你必須要培養的是實力。

💰 沒有穩賺不賠的方法，但有穩穩賺的投資策略

投資說穿了是需要冒著可能產生損失的風險，比別人更快累積資產的行為。為了這樣努力學習，反覆嘗試，展現對獲利的渴望。但無論怎如何，最重要的是找到自己能承受得起的壓力範圍，且可以持續投資的方法。雖然有比別人慢，但想要安全投資的人；相反的也有雖然比別人危險，但想要獲得高收益的人。總有想要賺錢，又不想冒風險的人，結果輕易相信標榜「穩賺」的口號，而加入付費的股票群，先被削一筆。

我每晚在直播中都會這樣對那些人說「如果有穩賺不賠的公式，我為什麼要告訴你？」股市是零和戰場，我賺的錢就是別人賠的錢，當然企業在賺錢和成長的過程中，分享利益給股東，這是字面意義上的投資，但是大部分投資人都不喜歡這種「無聊」的投資，很多時候連學習都不願意。

只要學習「線圖」就能賺錢，那所有人都會成為富翁；只要學習「經濟」就能賺錢，那麼所有人都會成為經

濟學家。要記住，「市場」是一個開放平臺，賣家和買家見面交換彼此想要的東西。自從過去的臨櫃交易，全面轉為線上以來，股市時時刻刻都有幾億投資人為了各自的利益而投入，因為是人聚集的地方，所以心理反應一定敏感。

具備不為這些消息所動搖的「心態」，才能成為成功的長期投資人。即使按照自己所預測的運行，也要了解成功的謙虛；而如果不按照預測的來進行，要會區分這是「錯誤投資」，還是「需要時間的投資」才能累積經驗值。我認為這是在股市生存的最根本的態度。

我認為很多人還不知道什麼是真正基本功，這件事很可惜，所以總是留下一長串的提醒。雖然投資不可能戰無不勝，但希望最終你能成為一位穩健致富的投資人。

注釋

1 非同質化代幣（Non-Fungible Token, NFT），意為不具可替代性，不可複製的稀少的數位資產。

長獲利投資

穩穩賺最快致富，在波動的市場裡打造財富自由的最佳路徑

머니카피 : 수익을 10배로 복사하는 투자의 기술

作者：Taver金泰亨（테이버）｜譯者：張鑫莉｜視覺：萬勝安、李秀菊、薛美惠｜主編：鍾涵瀞｜特約副主編：李衡昕｜行銷企劃總監：蔡慧華｜行銷企劃專員：張意婷｜社長：郭重興｜發行人兼出版總監：曾大福｜出版發行：感電出版／遠足文化事業股份有限公司｜地址：23141 新北市新店區民權路108-2號9樓｜電話：02-2218-1417｜傳真：02-8667-1851｜客服專線：0800-221-029｜信箱：gusa0601@gmail.com｜法律顧問：華洋法律事務所 蘇文生律師｜EISBN：9786269659098(EPUB)、9786269659081(PDF)｜出版日期：2023年3月｜定價：380元

國家圖書館出版品預行編目(CIP)資料

長獲利投資：穩穩賺最快致富，在波動的市場裡打造財富自由的最佳路徑／ Taver金泰亨著；張鑫莉譯. -- 新北市：感電出版：遠足文化事業股份有限公司發行, 2023.03

296面；14.8×21公分

譯自：머니카피 : 수익을 10배로 복사하는 투자의 기술

ISBN 978-626-97029-0-9（平裝）

1.CST: 股票投資　2.CST: 投資分析

563.53　　　　　　　　　　　　111022028

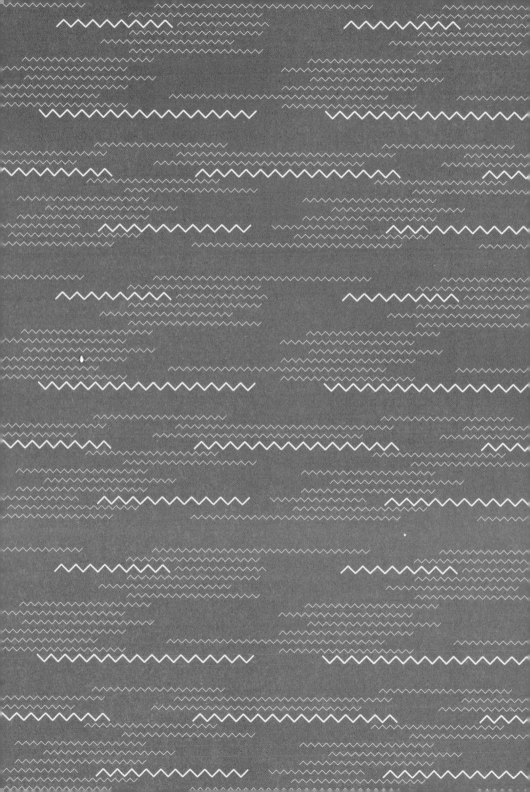

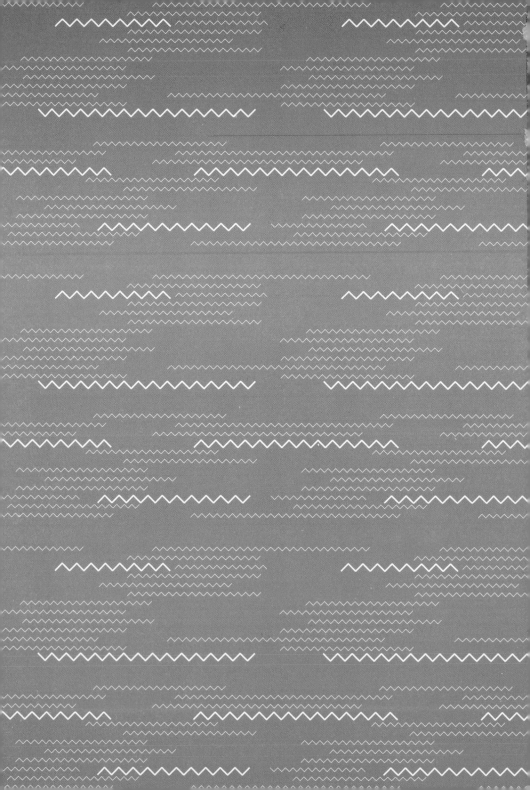